料理は子どもの遊びです

la cuisine est un jeu d'enfants

河出書房新社

A mon père
Raymond Oliver
avec toute mon admiration

ありったけの感謝をこめて
この本を　ぼくのおとうさん
レーモン・オリヴェにささげます。

はじめに

ジャン・コクトー

textes et dessins
de Michel Oliver

料理は子どもの遊びです

文と絵をかいた人：ミシェル・オリヴェ
訳した人：猫沢エミ

Du même auteur

これもボクの本だよ：

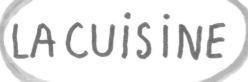

LA CUISINE est un jeu d'enfants

料理は子どもの遊びです

est un jeu d'enfants

お菓子づくりは子どもの遊びです

sont un jeu d'enfants

ジャムづくりは子どもの遊びです

くいしんぼうのみなさんへ

こんにちは！

　わたしは、この本をかいたミシェル・オリヴェさんとおなじフランス（の首都・パリ）で、オリヴェさんとおなじフランスのやさいやおにくや、くだものをたべてくらしています。わたしもみなさんにまけないくらいくいしんぼうですから、まいしゅうマルシェ（あおぞらたべもの市）にいって、日本とはすこしちがったやさいやくだもののことを、おみせのひとにきいて、あれこれべんきょうちゅうです。そんなわたしが、かわいらしくてイマジネーションあふれるミシェル・オリヴェさんの料理本を翻訳できるとしったとき、いすからずっこけるほどよろこびました。

　１９６３年にフランスで出版されたこの《La cuisine est un jeu d’enfants　料理は子どもの遊びです》は、子どもからおとなまで、ほんかくてきなフランス料理の基本をたのしみながらまなべる本として、ベストセラーとなりました。わたしじしんも、この本をむかしからしっていて、いつか日本語版がでたらいいのになあと思っていました。

　フランスではおうちで料理をするとき、できるだけふだんつかっているどうぐ（スープをのむスプーンや、フォークや、おさらなど）をつかいまわして、気がるにおいしいものをつくります。オリヴェさんのこの本には、そうした“料理をするときに、気合いなんかいらないよ”っていう、やさしいメッセージがあちこちにちりばめられていて、よんでいるだけでホッとあたたかな気もちになれるのです。そしてじっさいにつくってみると、ほんかくてきなのに効率よく、かんたんにつくれる、すばらしいルセット（フランス語でレシピのこと）であることがわかります。

　翻訳にあたっては、フランスと日本の食材や器材のちがいをかんがえて、《ポイント》として解説をいれるなど、より日本のみなさんがつくりやすいように気をくばりました。

　子どもからおとなまで、年代をこえてあいされるこの本で、遊ぶように料理をたのしみましょう。

ボナペティ！（さあ、めしあがれ）

猫沢　エミ

はじめに

子どもと詩人は　“反抗する”のが　だいすきだ。
もしキミたちが　いうこときかない　わるい子なら
うんと反抗して　いい子になりなさい。
もしキミたちが　つめをかじる　わるい子なら
うんと反抗して　ミシェル・オリヴェが描いた
おいしい料理をたべなさい。

彼のふるいともだち　ジャン・コクトーが
キミたちにおすすめしたいこと。

１９６３年
ジャン・コクトー

Préface de Jean Cocteau
« Remerciement au Comité Jean Cocteau »

COMITÉ Jean Cocteau

協力：ジャン・コクトー委員会

Les enfants et les poètes
aiment "désobéir".
Si vous êtes méchants
désobéissez et devenez bons
Si vous mangez vos ongles
désobéissez et mangez
la bonne cuisine peinte
par Michel Oliver
Le vieil ami
Jean Cocteau
✱
vous le conseille
1963

Sommaire

もくじ

voici la tasse « étalon »

計量カップのつくりかた

あかい線にそって　したの図をきりぬこう。
きりぬいたら　あおい点線をうちがわにおって
はじっこについている４つのでっぱりをのりでくっつけて
箱のかたちにしよう。
できた箱におこめをなみなみいれて
こんどは　そのおこめがぴったりはいるカップはないか
おうちのなかを探してみよう。

みつかったら　これから料理をするときは
いつもおんなじカップをつかって
ざいりょうをはかること。
これはキミたちが料理をじょうずにつくるために
とてもだいじなことなんだ。

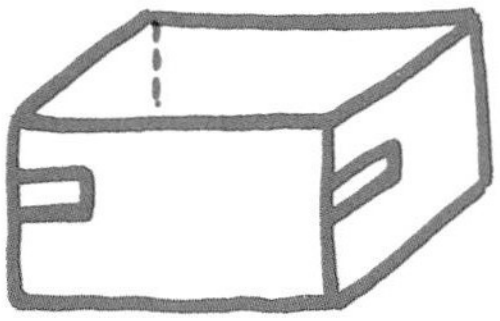

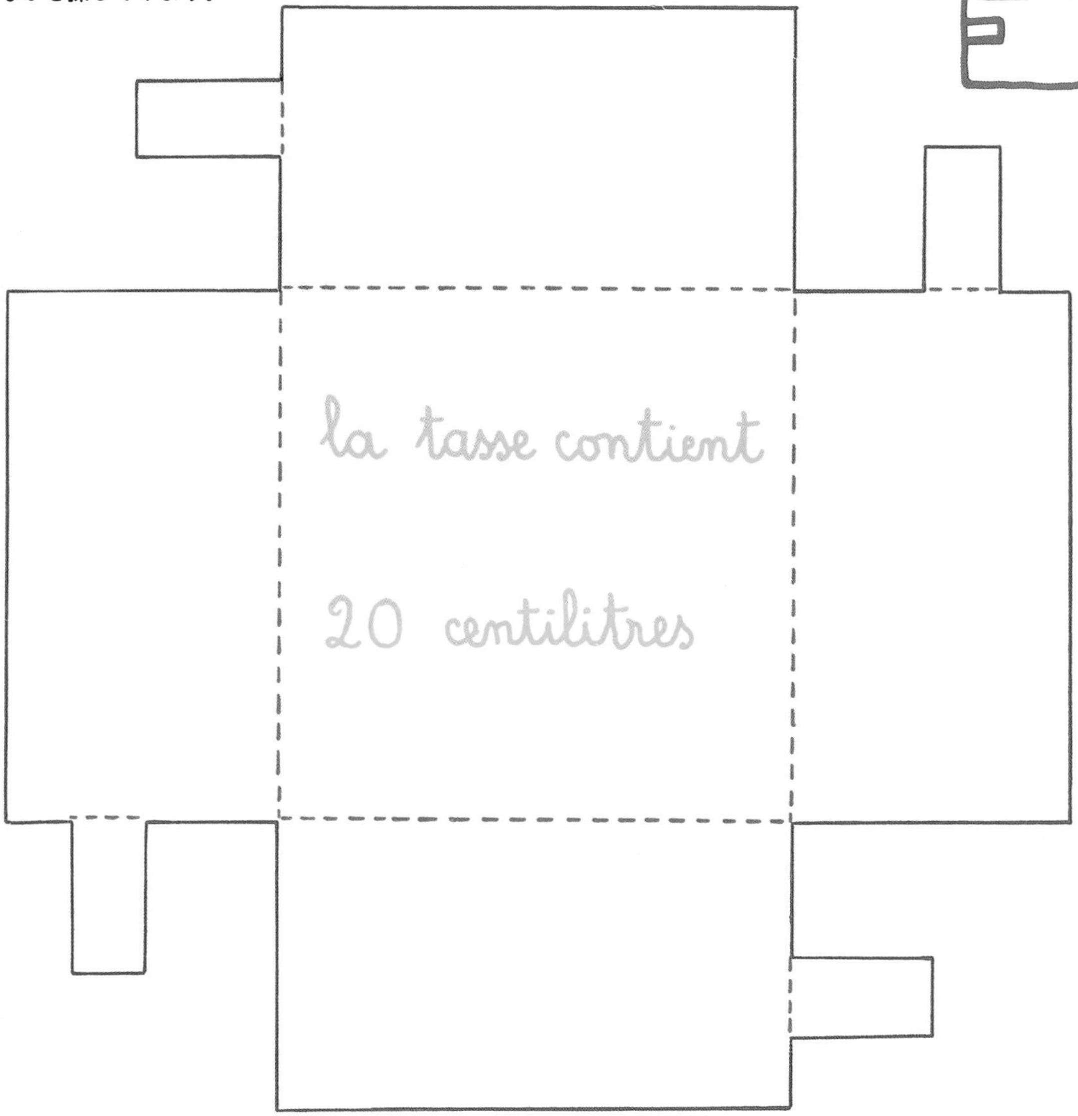
la tasse contient
20 centilitres

この箱には２００ｃｃはいるよ

スープとオードブルのルセット

オニオングラタンスープ

トマトのアコーディオン

クロック・ムッシュ

オロンジュ～絵本にでてくる毒キノコ

キッシュ・ロレーヌ

パン・バニャ～バーベキューみたいなニースふうサンド

レモンのひんやりつめもの

ニースふうサラダ

チーズのマッチ棒

おこめのサラダ

チーズのあったかいカナッペ

プルーンのベーコン巻き

りんごのカップサラダ

Soupe et Hors d'Oeuvre

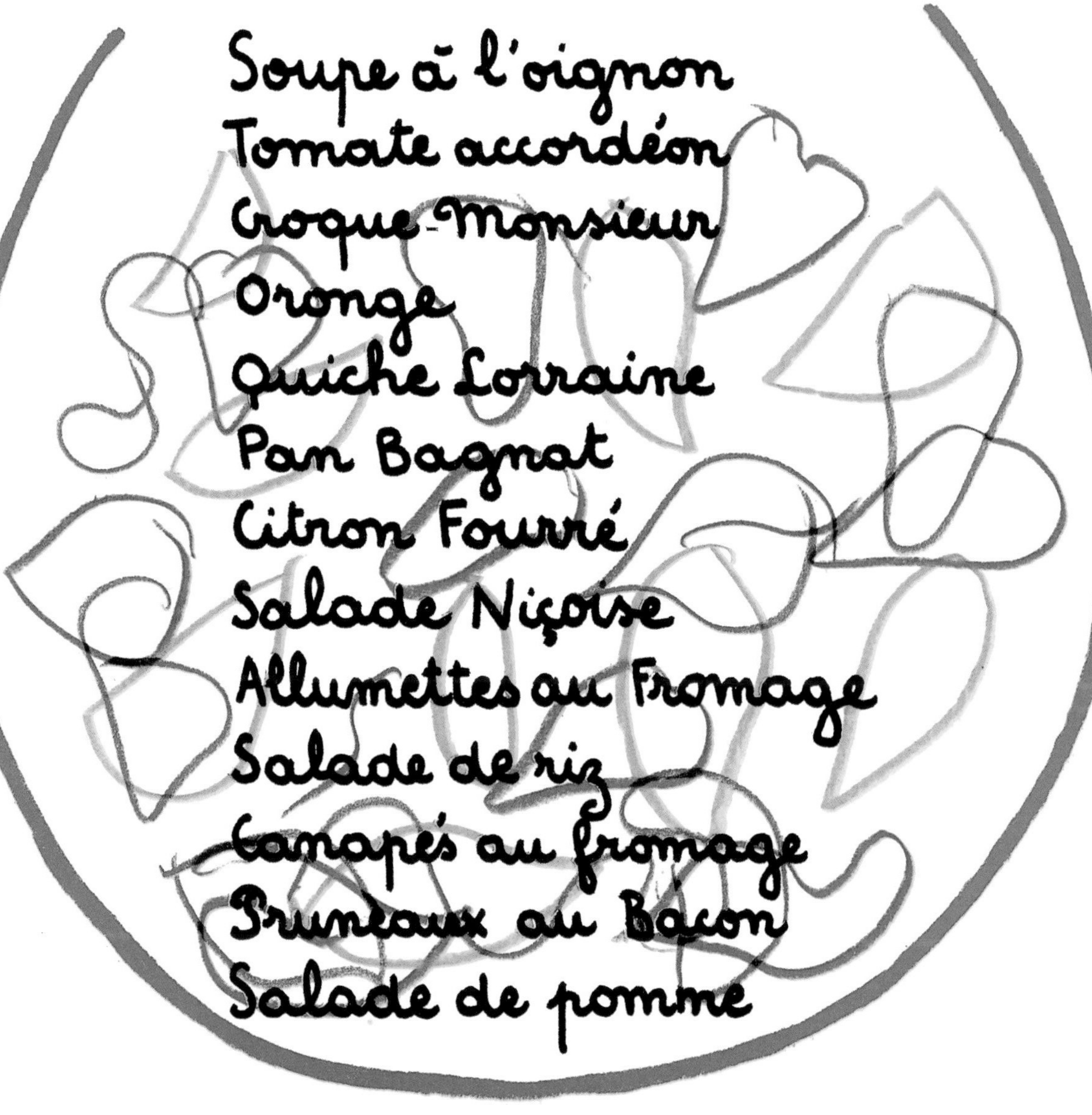

Soupe à l'oignon
Tomate accordéon
Croque-Monsieur
Orange
Quiche Lorraine
Pan Bagnat
Citron Fourré
Salade Niçoise
Allumettes au Fromage
Salade de riz
Canapés au fromage
Pruneaux au Bacon
Salade de pomme

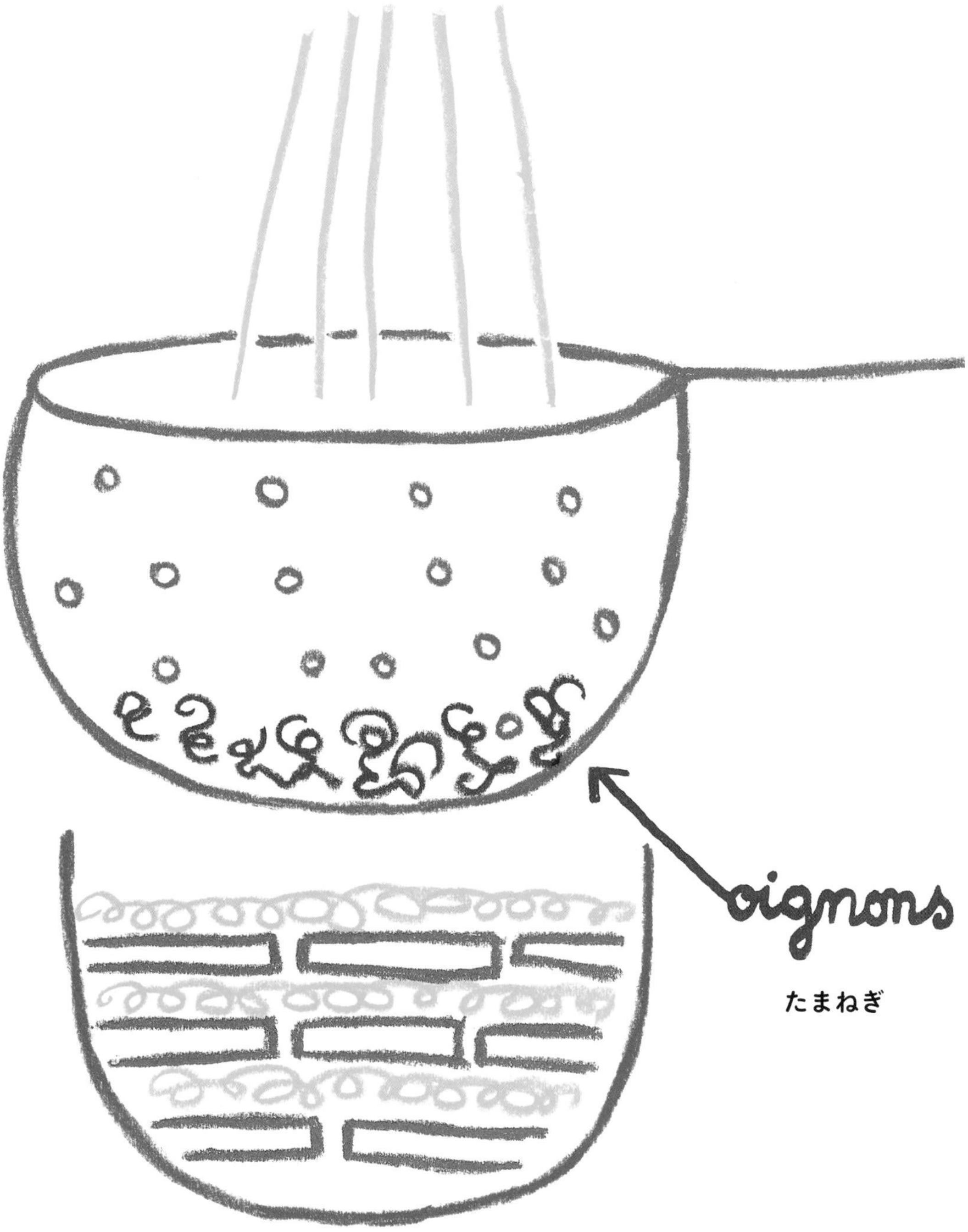

ポイント！　“けずったチーズ”どんなチーズを選べばいいの？

フランスでは、こういうグラタン料理をつくるとき、コンテや、エメンタル、グリュイエールチーズなんかをけずってつかうんだ。もしもなかったら、とろけるタイプのシュレッドチーズをつかってもいいし、ほかのチーズとシュレッドチーズをまぜてもおいしくできるよ。

Soupe à l'oignon (2 pers)

オニオングラタンスープ（ふたりぶん）

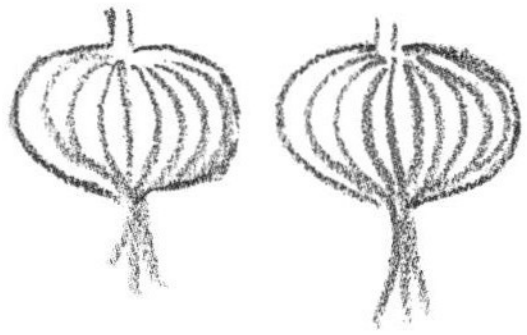

おおきなたまねぎ２コの皮をむいて
はんぶんにきったら　うすぎりにする。

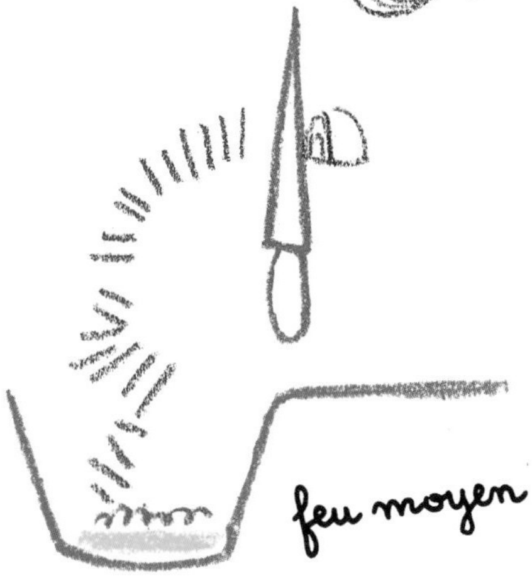

バターおおさじ２はい
サラダオイルおおさじ２はい
をなべにいれて中火にかける。

バターがじゅうじゅうしてきたら
薄力粉おおさじ１をいれて
木べらでかきまぜながら
１０ぷんかん　いためる。

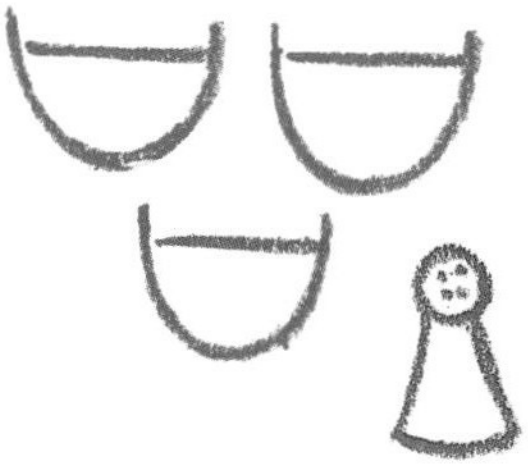

そこへ耐熱のスープボウル３ばいぶんの水と
しお４つまみをいれる。
（フランスではカフェオレを飲む時の陶器やガラスのボウルをよくつかうよ）

オーブンを２４０度にあたためておこう。

すこしかたくなったパン（バゲット）をうすく２０まいきって
２つの耐熱ボウルそれぞれに　こんなふうにいれる：
パン３きれに　おおさじ１ぱいのけずったチーズ
パン３きれに　おおさじ１ぱいのけずったチーズ
パン４きれに　おおさじ２はいのけずったチーズ

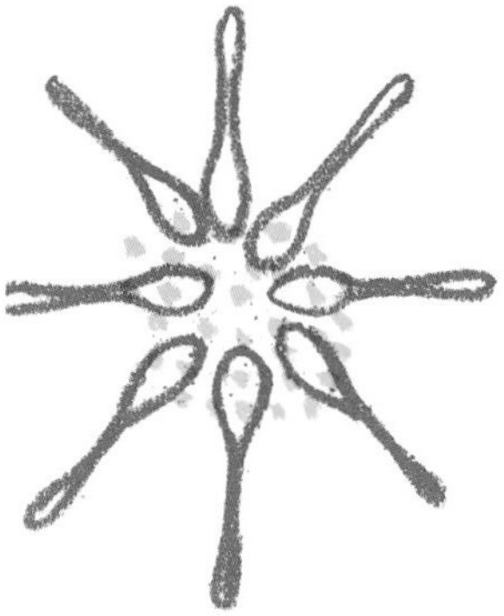

なべのなかみをこし器でこしながら
パンとチーズのうえから
スープをそそぐ。

オーブンに２つのボウルをいれて
１５ふんやく。

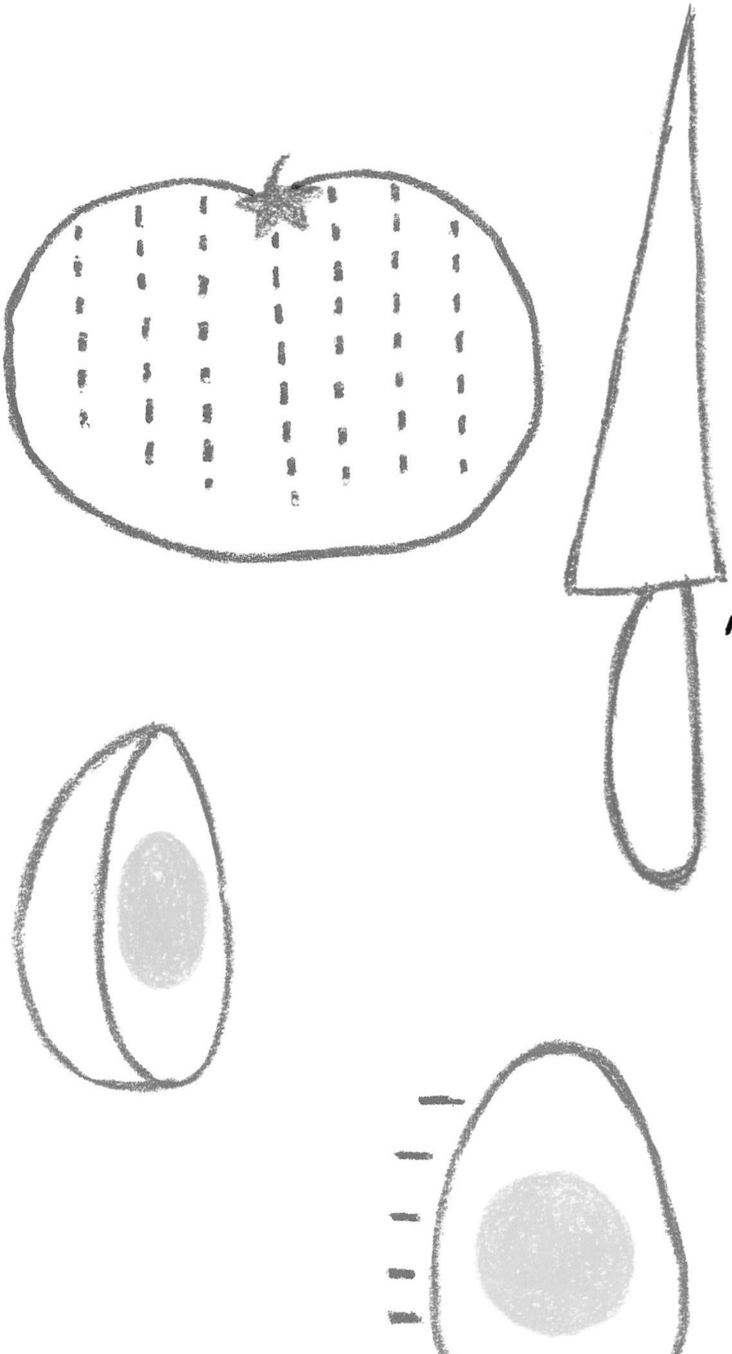

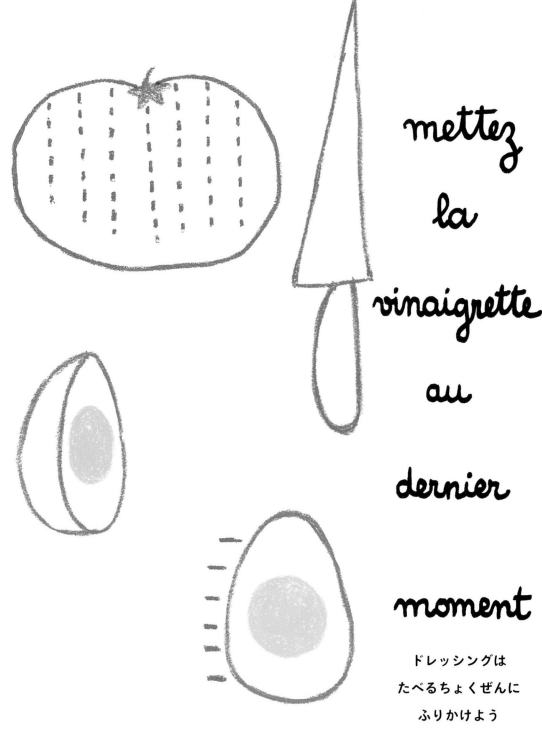

mettez la vinaigrette au dernier moment

**ドレッシングは
たべるちょくぜんに
ふりかけよう**

ポイント！　おおさじ・こさじのこと

料理をつくるとき、計量スプーンがなくてもだいじょうぶ。ふだん、みんながおうちでつかっているスープスプーンをおおさじに、ティースプーンをこさじとして気がるにつかおう。じつはそれぞれのスプーンの分量は、計量スプーンとおなじなんだ。

Tomates Accordéon (2 pers)

トマトのアコーディオン（ふたりぶん）

なべいっぱいに水をそそいだら
あらじお　おおさじ１ぱい
たまご１コ
をいれて強火にかける。

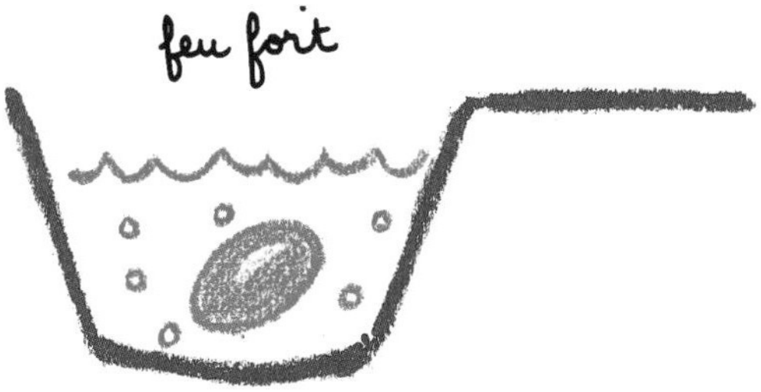

ちゅうくらいのおおきさのトマト２コに
それぞれ７つのきりこみを
トマトのまんなかまでいれて　おさらにおく。

ブラックオリーブ２コ
グリーンオリーブ２コ
をこまかくきっておく。

ちいさなボウルに
ワインヴィネガーおおさじ１ぱい
しお５つまみ
オリーブオイルおおさじ４はいをいれて
よくかきまぜながら　ドレッシングをつくる。

火にかけておいたたまごを　なべからだして
カラをむいたら　はんぶんにきって
さらに６まいにきる。
きったたまごをトマトのきりこみの
あいだにはさんで
ドレッシングをふりかける。

こまかくきっておいたオリーブを
しあげにちりばめよう。

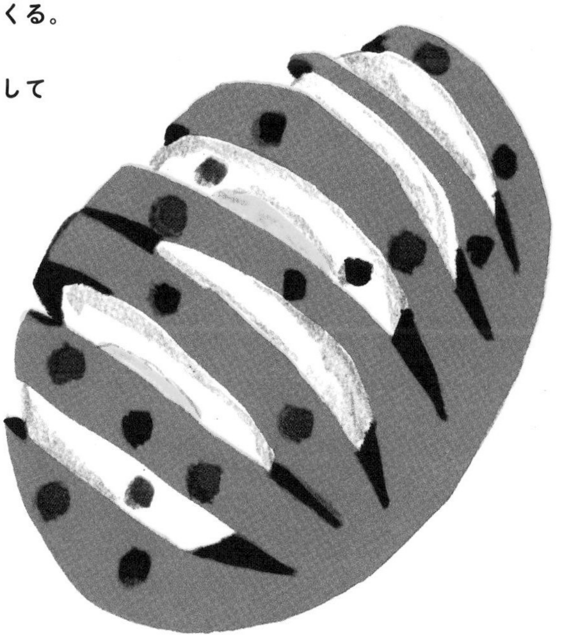

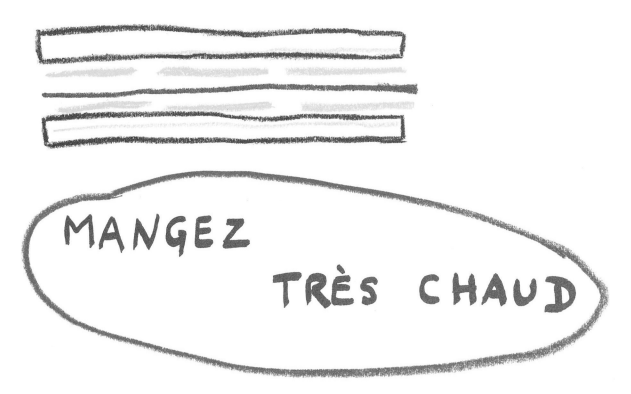

あつあつのうちに　めしあがれ

グリュイエール

Croque-Monsieur (1 pers)

クロック・ムッシュ（ひとりぶん）

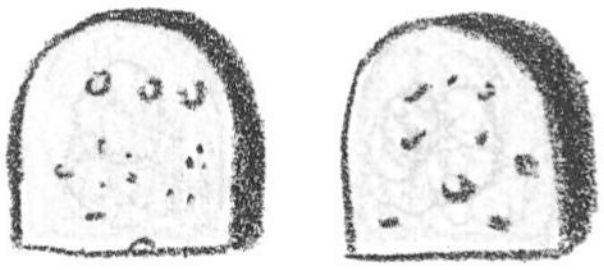

オーブンを２１０度にあたためておこう。

食パンを２まいよういして
まわりのみみをきりおとす。

ハムを１まい　パンとおなじおおきさにきる。

きったパン２まい　それぞれに
こさじ１ぱいのバターをぬる。

グリュイエールチーズのちいさなうすぎりを
１２まいよういする。

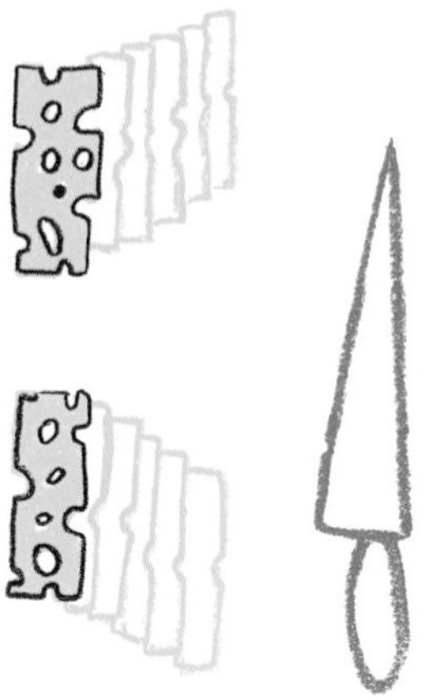

バターをぬった　かたっぽのパンのうえに
６まいのグリュイエールチーズとハム
そしてまた６まいのグリュイエールチーズをのせて
さいごに　もうかたっぽのパンをかぶせる。
（バターをぬっためんを　うちがわに）

くみたてたクロック・ムッシュを
オーブンの焼き網のうえにのせて
１０ぷんやこう。

ひっくりかえして　また３ぷんやく。

あつあつのうちに
めしあがれ。

Mangez chaud.

enlevez
délicatement
le jaune
sans casser le blanc

たまごのしろみを　こわさないように
きみだけ　そっとスプーンでとりだす

l'assaisonnement de
l'oeuf remonte dans
la tomate

まぜたきみが
トマトのあじを　ひきたてるよ

ポイント！　どうして料理におさらをつかうの？

フランスでは料理をするとき、おさらのうえできったり、まぜたりすることがおおいんだ。とくべつなどうぐがなくても、料理はできる。そんな気らくなかんがえかた。

Oronges (2 pers)

オロンジュ～絵本にでてくる毒キノコ（ふたりぶん）

トマト１コを　まんなかでヨコはんぶんにきって
しお２つまみをトマトのきりくちにふる。

かたゆでたまご２コのカラをむく。

かたゆでたまごの　あたまとおしりを
りょうほうきりおとして　きったはじっこを
おおきめのみじんぎりにする。

グリーンオリーブ４つぶも　みじんぎり。

コーヒースプーンで　かたゆでたまごの
きみをとりだそう。

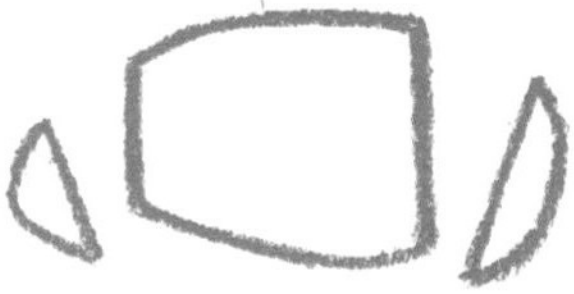

とりだしたきみ２コを　おさらのうえにおいたら
アンチョビ２まい
さっきみじんぎりにしたグリーンオリーブ
ヴィネガーこさじ１ぱい
サラダオイルおおさじ１と１／２ぱい
しお１つまみを　きみといっしょに
フォークでめちゃくちゃにまぜる。

まぜたきみを　しろみのケースにつめたら
おさらのうえにおいて
そのうえに、さっきはんぶんにきった
トマトをのせる。

トマトのうえに　みじんぎりの
しろみをちりばめると
絵本にでてくるオロンジュ
（毒きのこ！）のかんせい。

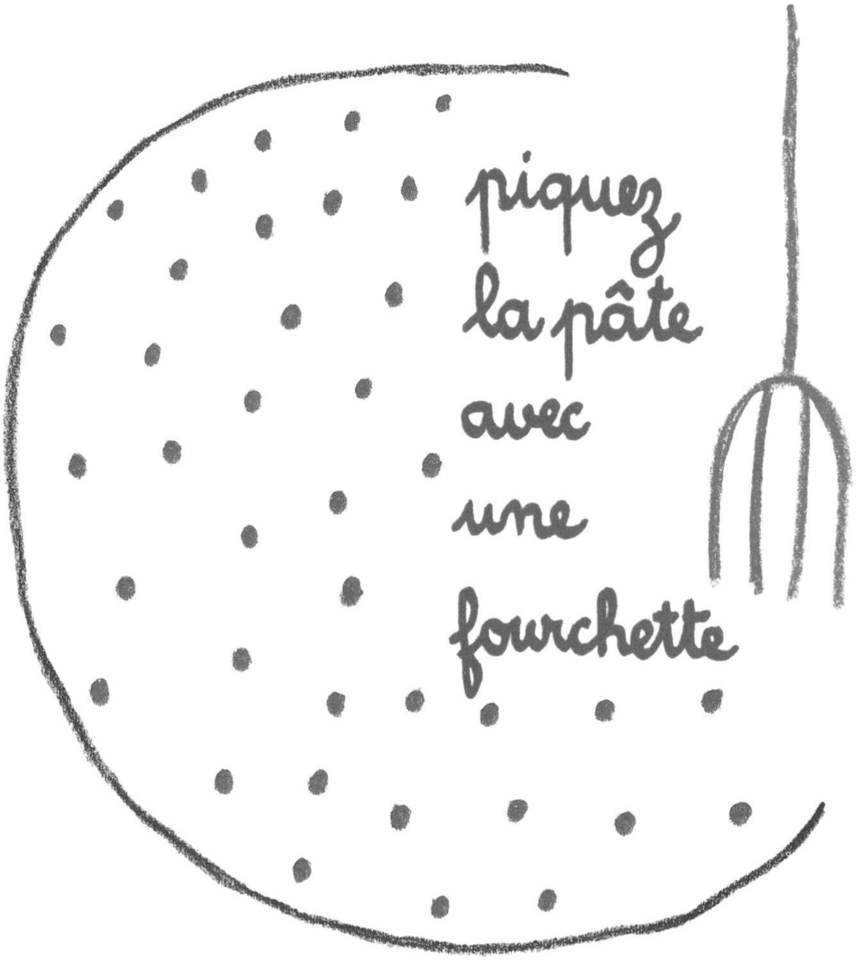
piquez
la pâte
avec
une
fourchette

きじにフォークを
あちこちさして
あなをあける

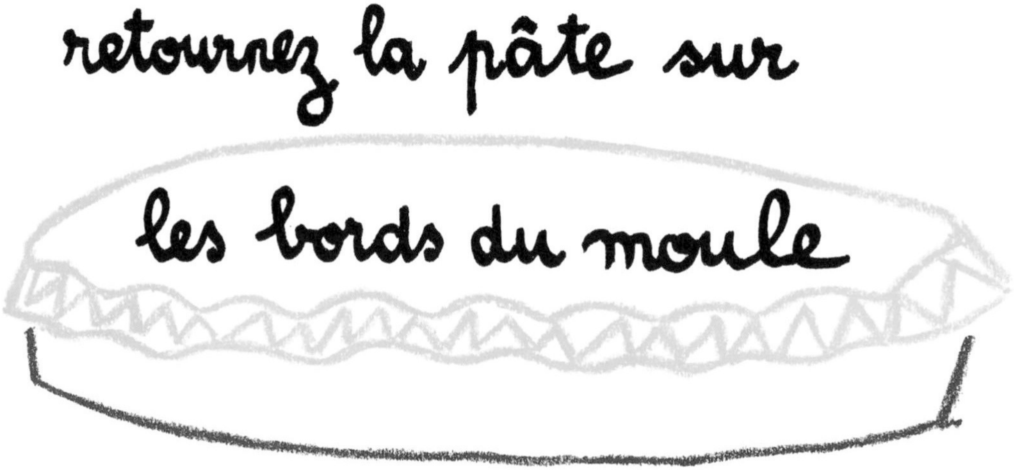
retournez la pâte sur
les bords du moule

型（かた）のふちのきじを
くるっと　おりかえそう

Quiche Lorraine (4 pers)

キッシュ・ロレーヌ（よにんぶん）

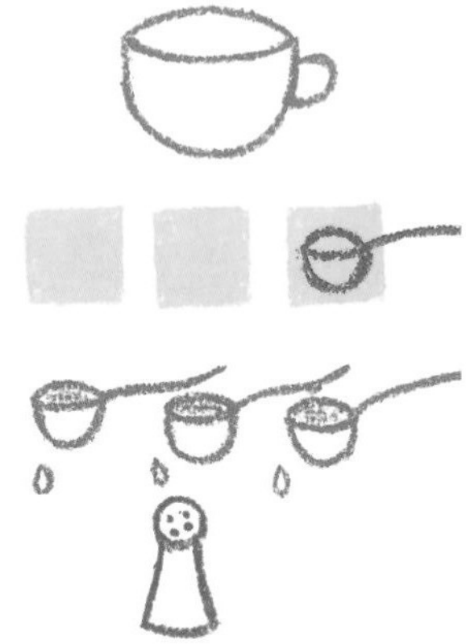

オーブンを２４０度(ど)にあたためておこう。

薄力粉(はくりきこ)１カップ
バターおおさじ３ばい
水(みず)おおさじ３ばい
しお３つまみ
をボウルにいれたら
よくこねて　きじをつくる。

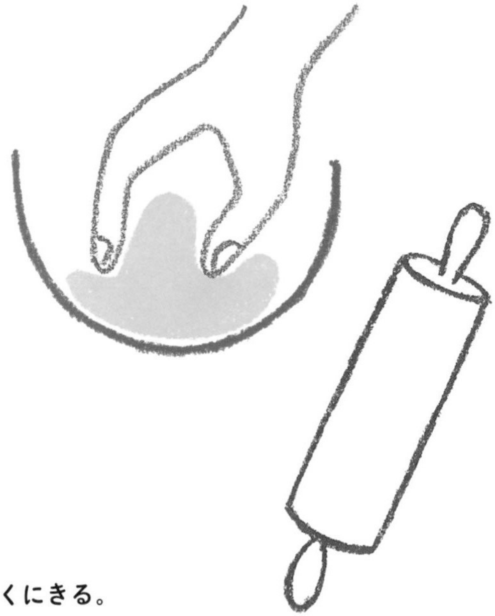

きじをめんぼうでのばして
タルト型(かた)にしきこんだら
オーブンにいれてやく。

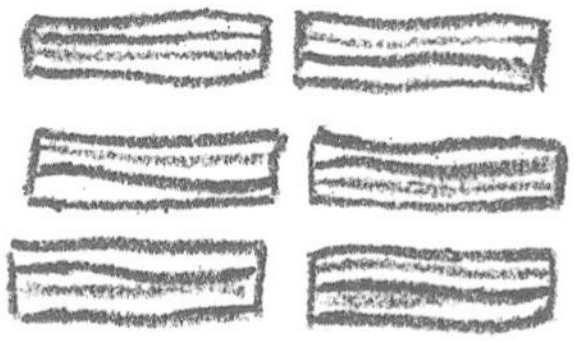

ベーコン６まいを２４ぺんのちいさなしかくにきる。

おおきなボウルに
たまごを２コわって
しお２つまみ
生(なま)クリーム　カップ３／４ばい
けずったチーズおおさじ４はい
をいれて　フォークでよくあわだてながらまぜる。

２４ぺんに

さっきの型(かた)をオーブンからとりだして
きったベーコンをならべよう。
まぜたボウルのなかみを
ながしこんで
オーブンで２０ぷん
もういっかい
やいたらできあがり。

mettez
la brochette
dans le pain ouvert

くしざしを　ひらいたパンのあいだにおく

fermez le pain

パンをとじて

et retirez

くしだけひっこぬく

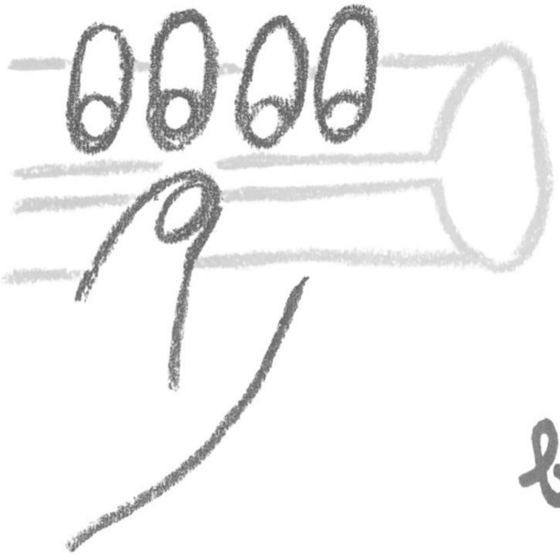

la
brochette vide

こうするとカンタンに　くしがはずせるよ
(バーベキューみたいなサンドイッチが作れちゃう)

Pan Bagnat (2 pers)

パン・バニャ
～バーベキューみたいなニースふうサンド
（ふたりぶん）

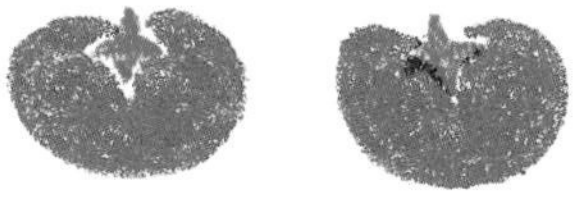

ちいさめのトマト２コ
かたゆでたまご１コ
きゅうりのピクルス１コ
ちいさなたまねぎ１コ
をぜんぶ　うすぎりにする。

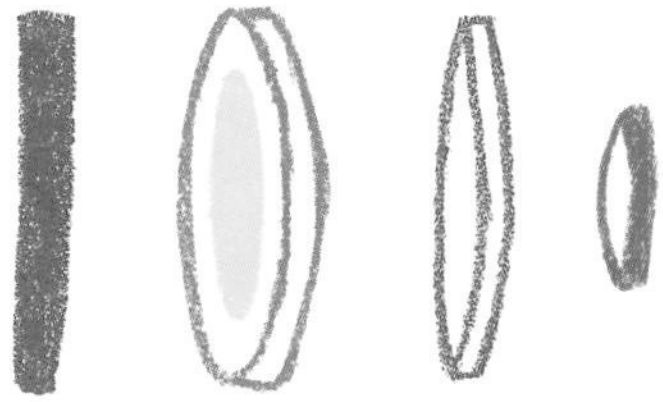

セロリ１／２ぽんをちいさく　しかくにきる。

ブラックオリーブ６コと
グリーンオリーブ４コのたねをぬく。

アンチョビのかんづめをあけよう。

トマトのうすぎり２まいのあいだに
たまごのうすぎり１まいをはさむ。

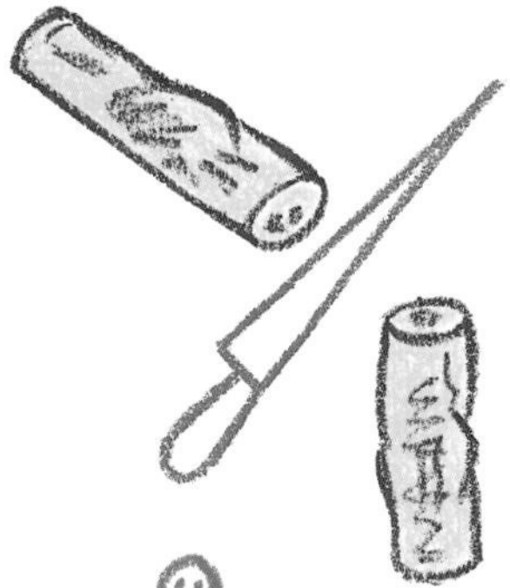

２ほんのくし　めいめいに
すべてのざいりょうを
いろどりよく　さしていく。

具のバーベキューとおなじながさに
バケットを２ほんきって
それぞれ　かたがわだけタテにわる。

たべるちょくぜんに
具のバーベキューをバゲットにはさむ。

しお２つまみ
ヴィネガーこさじ１ぱい
オリーブオイルおおさじ１ぱい
を２ほんのサンドイッチの具のうえにふりかけて　しあげよう。

pour poser
le citron
debout
coupez-le
à la base

レモンをうまく　たてるには
おしりをチョンと　きるといいんだ

enlevez
l'arête
de la
sardine

いわしのほねは　とってね

Citron Fourré (1 pers)

レモンのひんやりつめもの（ひとりぶん）

レモンのあたまをきって　ぼうしをつくる。

コーヒースプーンで
レモンの実をかきだす。

レモンをぎゅっとしぼってでる
ジュースのはんぶんのりょうと
レモンの実を　おさらにいれる。

ブラックオリーブ２コを　みじんぎりにする。

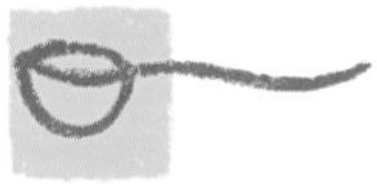

さっきのおさらに
みじんぎりのブラックオリーブと
トマト味の缶詰のいわし１まい
バターおおさじ１ぱい
生クリームこさじ１ぱい
マスタードをほんのすこし
しお１つまみ
をいれて
フォークでめちゃくちゃにまぜる。

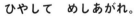

まぜたものをレモンのなかにつめて
おさらにおいて
レモンのぼうしをのせれば　かんせい。

ひやして　めしあがれ。

on peut ajouter
une boîte de miettes de thon

ツナかんをたしても　おいしいよ

Salade Niçoise (2 pers)

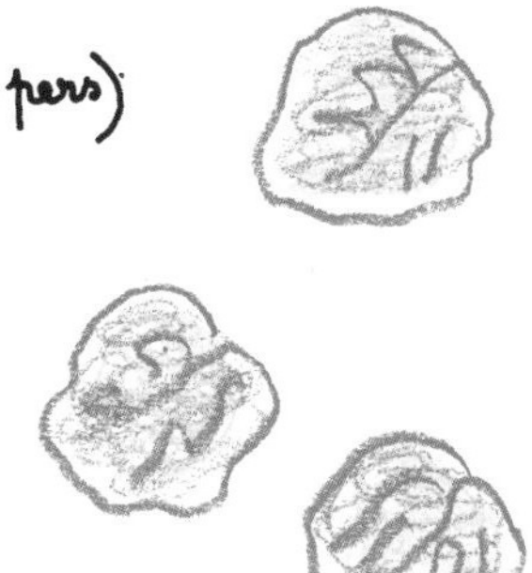

ニースふうサラダ（ふたりぶん）

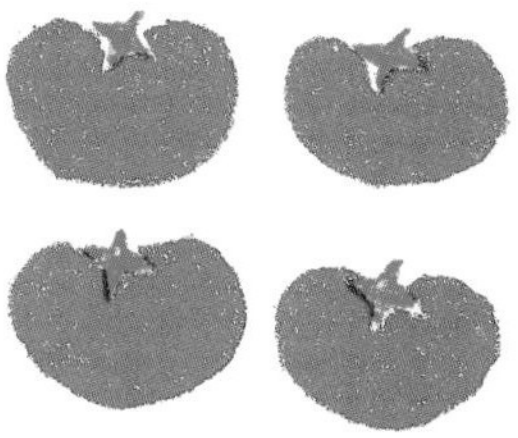

レタスを　だいたい６まいくらい
おさらぜんたいにしいておく。

あらったトマト４コを　うすいわぎりにして
レタスのうえ　ぜんたいにしこう。

グリーンパプリカ１／２コ
たまねぎ１／２コを　できるだけうすいわぎりにしたら
トマトをこれで　おおうんだ。

かたゆでたまごを８まいの　わぎりにして
グリーンパプリカのうえにのせる。

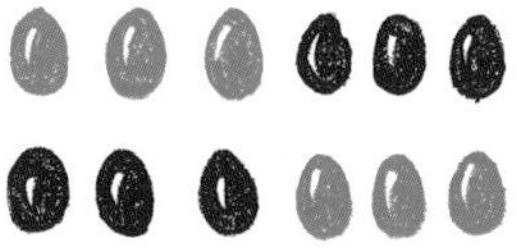

アンチョビのかんづめをあけて
たまごのうえにのせる。

グリーンオリーブ６コ
ブラックオリーブ６コ
をパラパラのせれば　かんせい。

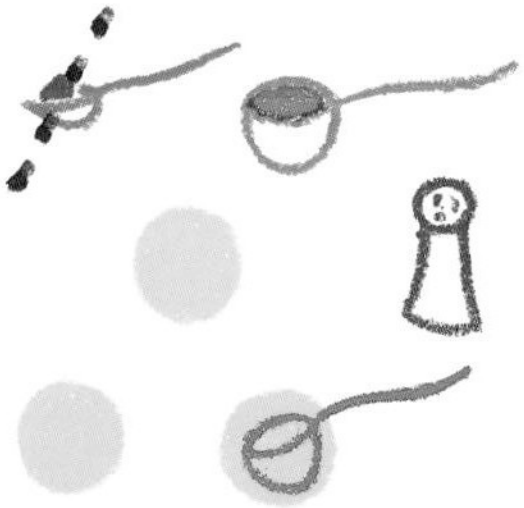

ドレッシングのつくりかた：
ヴィネガーおおさじ１ぱい
マスタードこさじ１／２ぱい
しお４つまみ
オリーブオイルおおさじ３ばい
をちいさなボウルにいれて
かきまぜる。

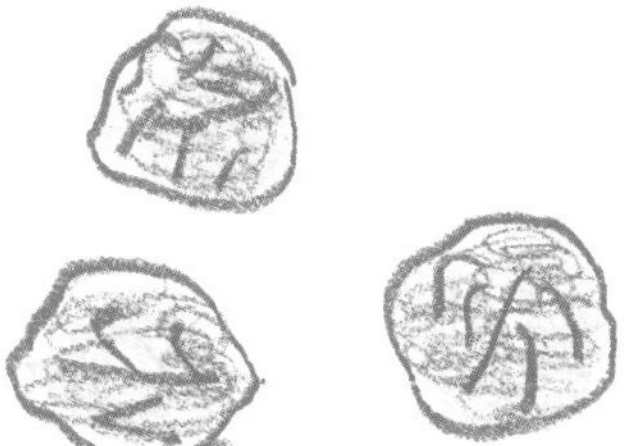

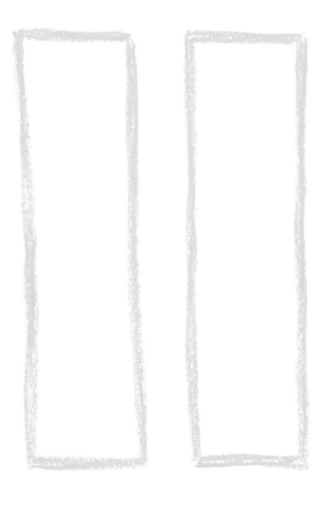

taille
des
allumettes

マッチ棒のサイズ（はコレ）

pour étendre
la pâte
facilement
farinez-la
tout le temps

小麦粉をこまめにふると
きじが　のばしやすくなるよ

Allumettes au Fromage (4 pers)

チーズのマッチ棒（よにんぶん）

オーブンを２４０度にあたためておこう。

おおきなボウルに
薄力粉２カップ
バターおおさじ８はい
牛乳おおさじ４はい
けずったチーズおおさじ１０ぱい
しお　こさじ１ぱい
をいれて　りょうてでこねて
きじをつくる。

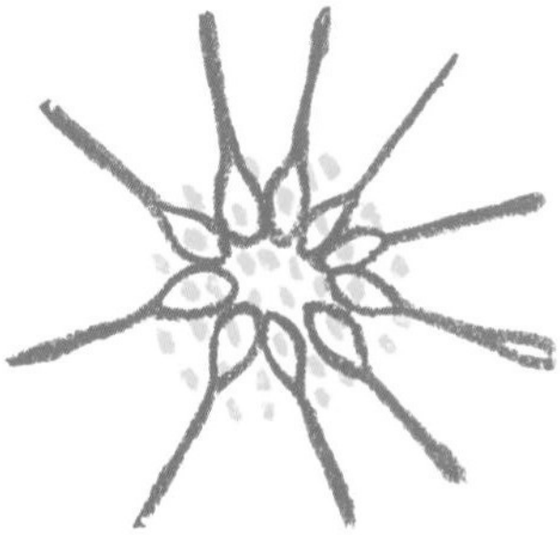

テーブルのうえにきじをおいて
めんぼうで　このあつさ
になるまでのばす。

jusqu'à cette épaisseur

このあつさまで

ナイフで
きじをマッチ棒のサイズにきる。

天板のうえに（クッキングシートをしいて）
マッチ棒のきじをのせる。

オーブンで１５ふんやく。

LA CUISINE EST
UN JEU D'ENFANTS

のばしたきじは
たて３０センチ　よこ５０センチ
くらいの　おおきさになるよ

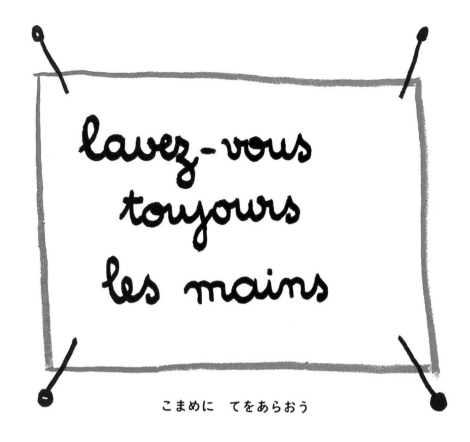

lavez-vous
toujours
les mains

こまめに　てをあらおう

temps de cuisson :

oeuf dur : 10 minutes
riz : 20 minutes

ゆでじかん：
かたゆでたまご：１０ぷん
おこめ：２０ぷん

Salade de riz (4 pers)

feu fort

おこめのサラダ（よにんぶん）

水をなみなみといれたなべを強火にかける。
おゆがわいたら　おこめ1カップをなべにいれる。

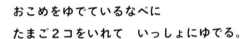

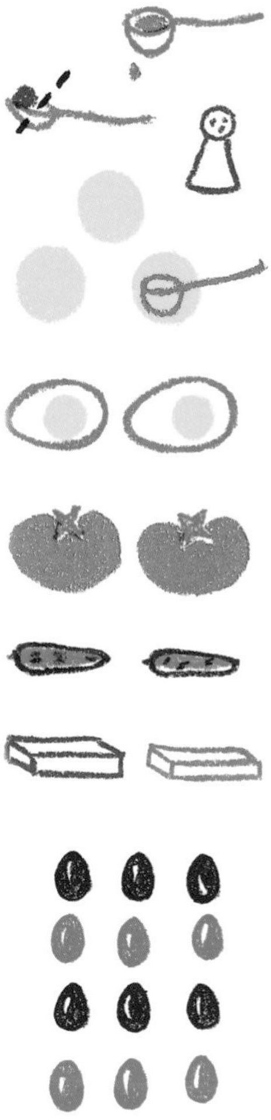

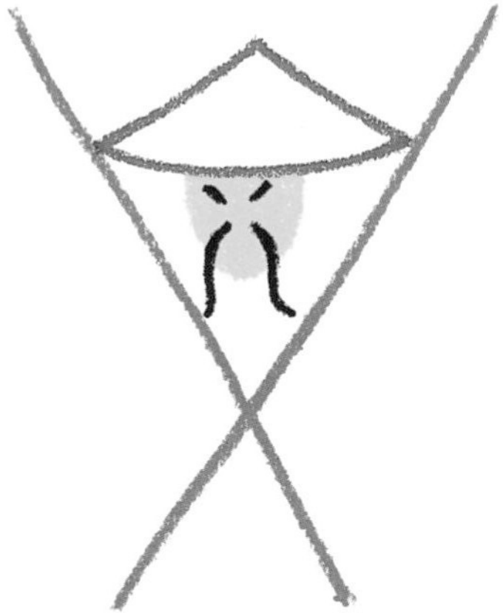

おおきなボウルに
ヴィネガーおおさじ1ぱい
マスタードこさじ1／2ぱい
しお4つまみ
オリーブオイルおおさじ3ばい
をいれて　木べらでかきまぜる。

おこめをゆでているなべに
たまご2コをいれて　いっしょにゆでる。

en cubes
ましかくに

トマト2コを　ましかくのこんなサイズにきる。

en rondelles.
まるく

そしてピクルス2コは　まるくわぎりに。

ちいさなアンチョビのかんづめ1コ
ちいさなツナのかんづめ1コ
をあける。

servez froid.

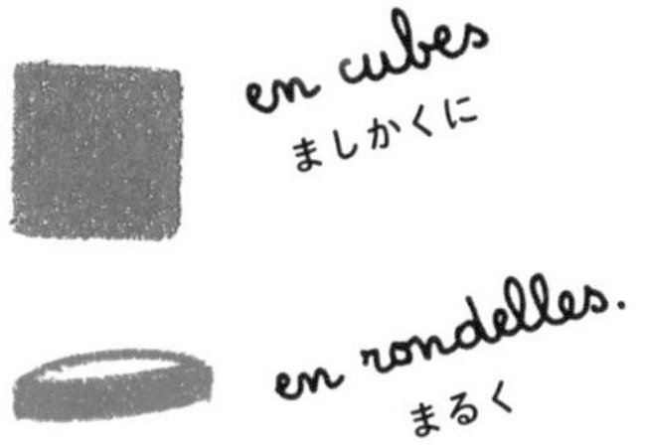

ボウルに　トマト　ピクルス　ツナ　アンチョビ
グリーンオリーブ6コ
ブラックオリーブ6コをいれる。

なべからたまごをとりだしてカラをむいて
わぎりにしてボウルにいれる。

ゆでたおこめを　ざるにあげて
おゆをきったら　ボウルにいれる。
なかみをぜんぶ　よくまぜて
ひやしてたべよう。

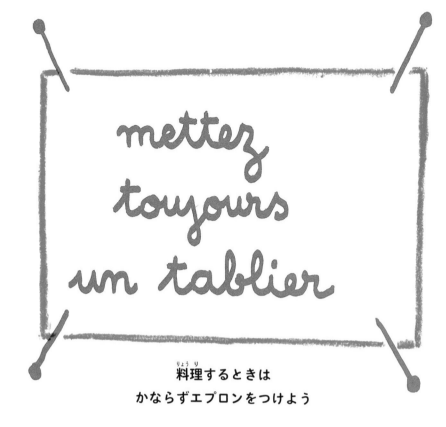

mettez
toujours
un tablier

料理するときは
かならずエプロンをつけよう

le fromage doit
être assez loin
des bords du toast

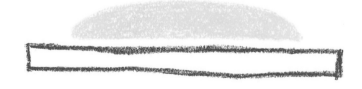

とけたチーズがあふれないように
トーストのふちには
チーズをのせないこと

Canapés au Fromage (2 pers)

チーズのあったかいカナッペ（ふたりぶん）

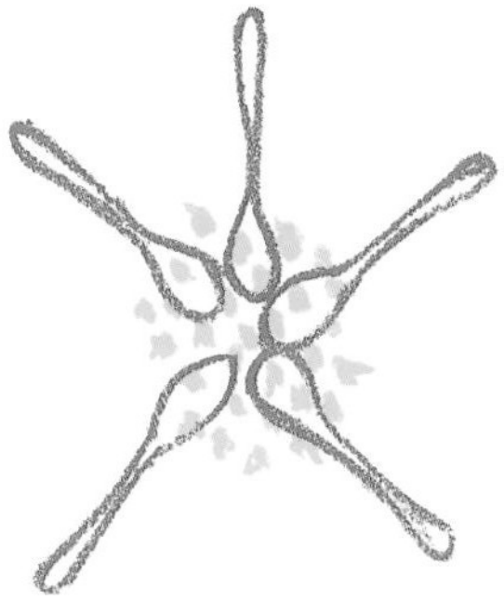

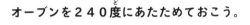

オーブンを２４０度にあたためておこう。

食パンを２まいよういして
パンのみみをきっておく。

おさらのうえに
たまご１コをわったら
ちいさなカップのフロマージュ・ブラン３コ
（ごうけい１８０ｇくらい）
けずったチーズおおさじ５はい
しお５つまみ
をいれて　フォークでぜんぶ
よーくまぜる。

２まいの食パンのうえに
まぜたものをたっぷりぬる。

オーブンで１８ぷん
やいたらできあがり。

ポイント！　フロマージュ・ブランってなあに？

“しろいチーズ”っていういみのフロマージュ・ブランは、牛乳を乳酸菌などでかためて、水をしぼったフレッシュ・チーズのことをさすんだ。フランスでは赤ちゃんの離乳食としてもたべられていて、ちいさなカップいりのものが売ってるんだよ。

piquez
les bâtonnets
sur un
pamplemousse

グレープフルーツに
くしをさしてね
（カッコいいプレゼンテーション！）

Pruneaux au bacon (4 pers)

プルーンのベーコン巻き（よにんぶん）

つくるまえの日のよる
ボウルに
ドライプルーン１２コと
ひたひたの水
コニャックおおさじ１ぱいを
いれておく。

Bonne Nuit.

おやすみなさい。

つぎの日のあさ
プルーンをざるにあけて
水をすてて　たねをとりだそう。

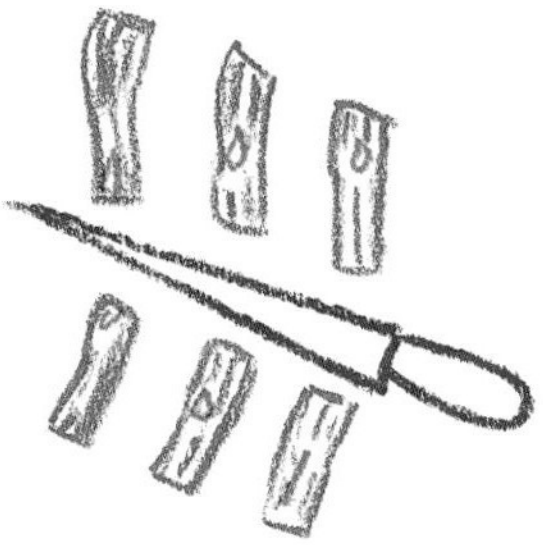

ベーコン（生ハム）６まいを　はんぶんにきる。

プルーン１コにつき１／２まいの
ベーコンをまきつける。

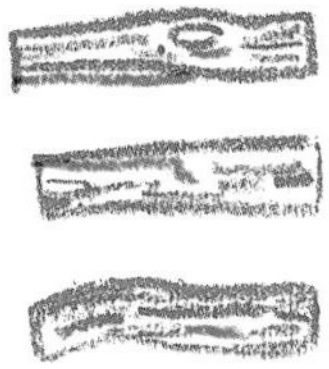

ちいさなくしで
ベーコンとプルーンを
つきさす。

ポイント！　フランスのベーコンと日本のベーコンのちがい

日本でベーコンっていうと非加熱（熱をとおしていない）では、たべられないものをさすけど、フランスではベーコンにするぶたばら肉をつかってつくった生ハムもベーコンっていうことがあるんだ。日本のみんなは生ハムでつくるか、ベーコンならまきつけてフライパンでやこう。

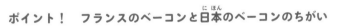

pour enlever

l'intérieur

de la pomme

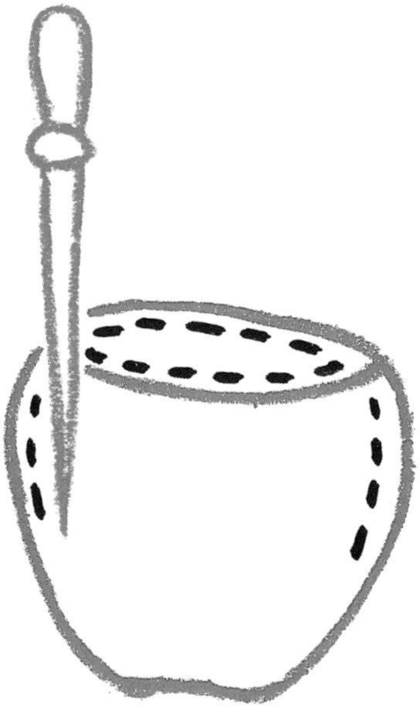

りんごのなかみを
くりぬくには　こうする

le jus de citron
garde
la pomme
blanche

レモンじるをかけると
りんごのいろが　きれいなまま
たもてるんだ

Salade de Pomme (1 pers)

りんごのカップサラダ（ひとりぶん）

ぴかぴかのあかいりんご１コの
あたまをヨコにきって　ぼうしをつくる。

りんごのなかみをコーヒースプーンで
くりぬいたら　なかみはこまかくきっておく。

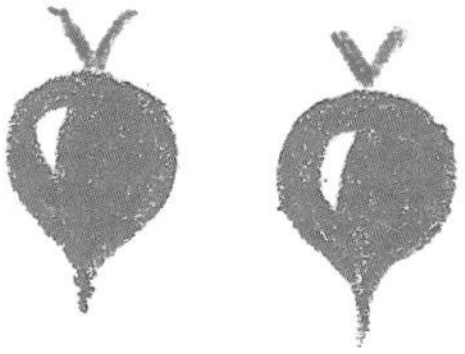

セロリ１／２ぽんと　ラディッシュ２コを
こんなかんじの
うすぎりにする。

en tranches fines
うすぎりに

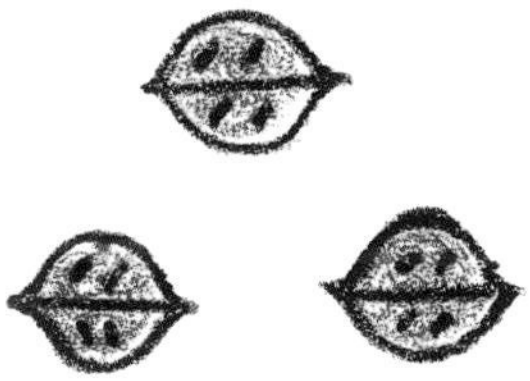

ボウルに
りんごをこまかくきったやつ
セロリとラディッシュのうすぎりと
くるみ３コぶんをいれてまぜる。

そこに　しお２つまみ
オリーブオイルおおさじ１
レモンじる１／２コぶん
をいれて　ぜんぶまぜる。

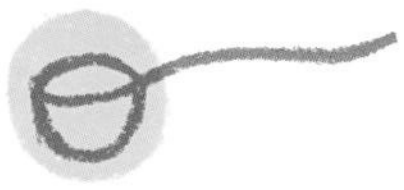

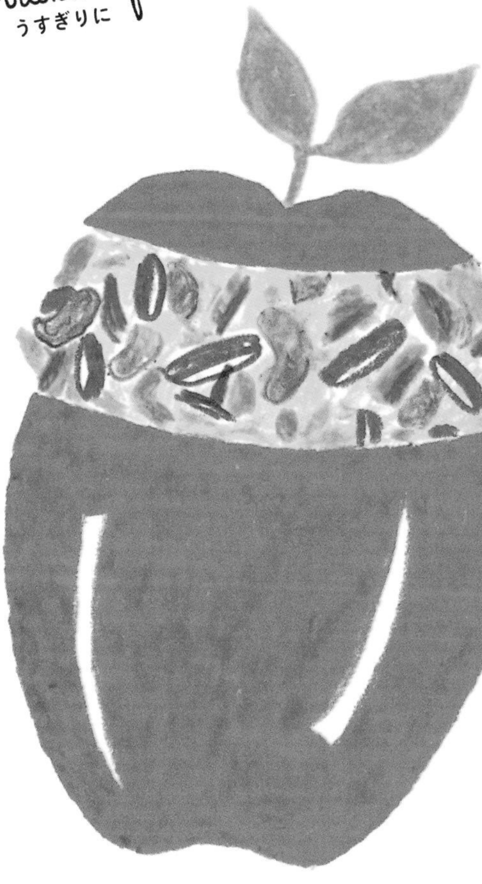

まぜたものを
りんごのなかにつめたら
ぼうしをかぶせるのを
おわすれなく。

たまごとさかなのルセット

カレー味のたまごのココット

クルトンでつくるクレープ

キャロリーヌのたまご

とりの巣たまご

チーズのスフレ

かにのベニエ〜フランスふうフリット

いわしのふわふわトースト

舌平目のフィレ　アーモンドふうみ

Oeufs et Poissons

œuf en cocotte au curry
crêpe aux croûtons
œuf caroline
nid d'œuf
soufflé au fromage

beignets de crabe
sardines soufflées
filets de sole
aux amandes

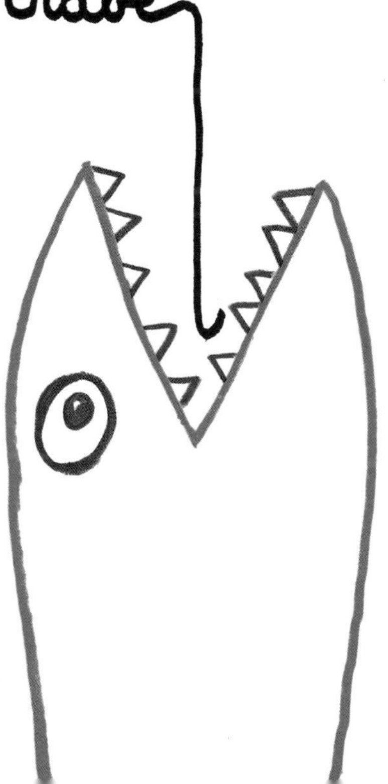

chaque fois qu'il faut allumer le four il y a toujours à côté le numéro du thermostat

...(5) (6) (7) (8) (9)...

オーブンをつかうときはダイヤルの
数字をみて温度をあわせよう

SALEZ la cocotte mais pas l'oeuf

しおをふる　　でも　たまごじゃなくココットのほうにね

ポイント！　フランスと日本のオーブンのちがい

おおきなおにくのかたまりや、ローストチキンをやいたりするフランスのオーブンは大型で、日本のオーブンよりも温度設定がたかいことがおおいんだ。だから、もしもつくりかたにでてくる温度にたりないときは、おうちのオーブンのいちばんたかい温度で、ちょっとながめにやくとうまくいくよ。

Oeuf en cocotte au curry (1 pers)

カレー味のたまごのココット（ひとりぶん）

オーブンを２４０度にあたためておこう。

ココットのうちがわに
バターこさじ１／２ぱいをぬって
しお１つまみふる。
そこにたまご１コをわりいれて
オーブンで４ぷんやく。

やいているあいだに
生クリームこさじ１ぱい
しお１つまみ
カレー粉ほんのちょっぴり
をカップにいれてまぜておく。

ココットをオーブンから出して
さっきまぜたクリームを
たまごのうえにかけて
また３ぷんやけばできあがり。

ポイント！　ココット皿ってなあに？

ココット皿はフランス語で、オーブン料理につかえるちいさな耐熱のうつわのこと。ところがふたつ取っ手がついているホーローなべのことも、ココットっていうんだ。ちょっとまぎらわしいよね！　５８、５９ページの“ジャンバラヤ”をみてね。そっちではなべのココットをつかうよ。

ne retournez pas la crêpe

このクレープは
ひっくりかえさないで

faites-la glisser dans le plat

おさらにすべらせて　うつそう

Crêpe aux croûtons (2 pers)

クルトンでつくるクレープ（ふたりぶん）

パンを６０コのちいさなしかくにきって
クルトンをつくろう。

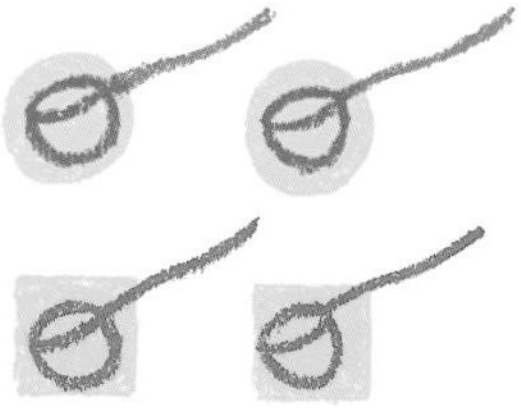

フライパンを中火にかけて
サラダオイルおおさじ２はい
バターおおさじ２はい
をいれる。
あぶらがじゅうじゅうしてきたら
さっきつくったクルトンをいれる。

これがクルトンのサイズ

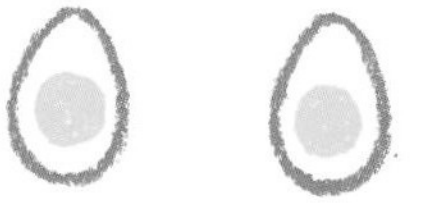

たまご２コ
牛乳１カップ
けずったチーズおおさじ７はい
しお４つまみ
をおおきなボウルにいれて
フォークでよくかきまぜる。

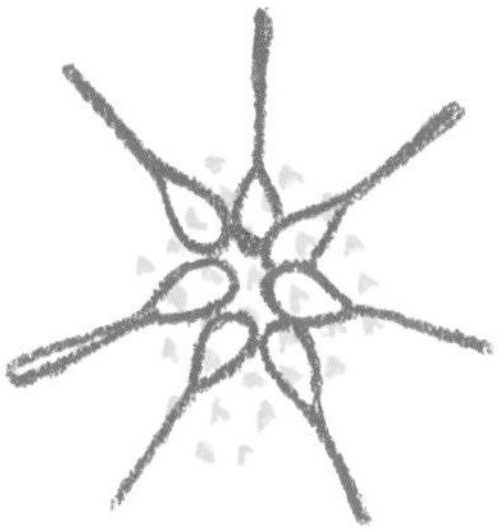

まぜたらフライパンのなかにそそいで
火をとろ火におとしたら
ふたをして１０ぷんやこう。

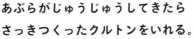

très doux
とろ火で

creusez bien la tomate

トマトのなかみはよーく
くりぬいて

le beurre
empêche
le toast
de noircir

バターはトーストが
こげるのを
ふせいでくれるんだ

Oeuf Caroline (1 pers)

キャロリーヌのたまご（ひとりぶん）

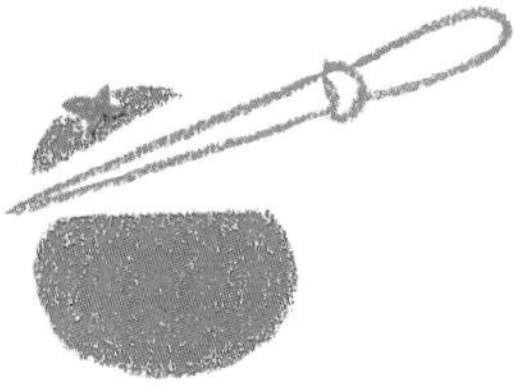

オーブンを２４０度にあたためておこう。

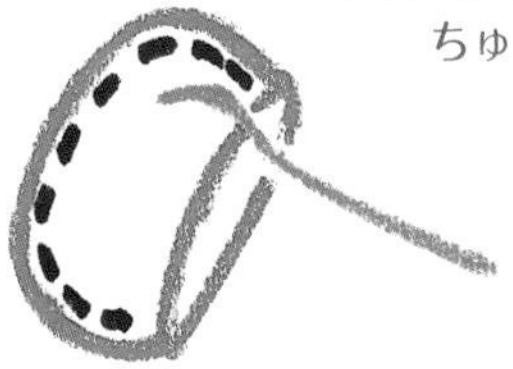
あながあかないように
ちゅうい！

ピカピカのトマト１コのヘタをきって
ちいさなスプーンで
トマトのなかみをくりぬこう。
からっぽになったトマトのうちがわに
しお３つまみをふる。

フライパンを中火にかけて
オリーブオイルおおさじ１ぱいをいれる。

mélangez la crème
et
le
sel
dans un petit bol

食パン１まいに
バターこさじ２はいをぬる。

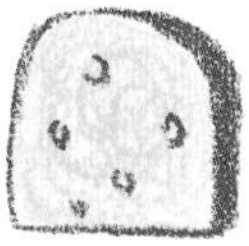

火にかけたフライパンにトマトをいれたら
３ぷんやく。

さっきバターをぬっておいた食パンのうえに
やいたトマトをのせる。
トマトのなかに　たまごを１コわりいれたら
オーブンの焼き網にのせて５ふんやく。

ちいさなボウルをつかって
生クリームとしおをまぜよう

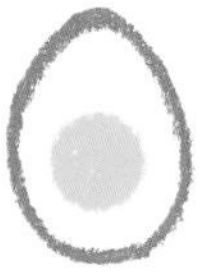

オーブンをあけて　たまごのうえに
生クリームこさじ１ぱい
しお２つまみ
をまぜたものをかけて
もういっかいオーブンにいれたら
５ふんやく。

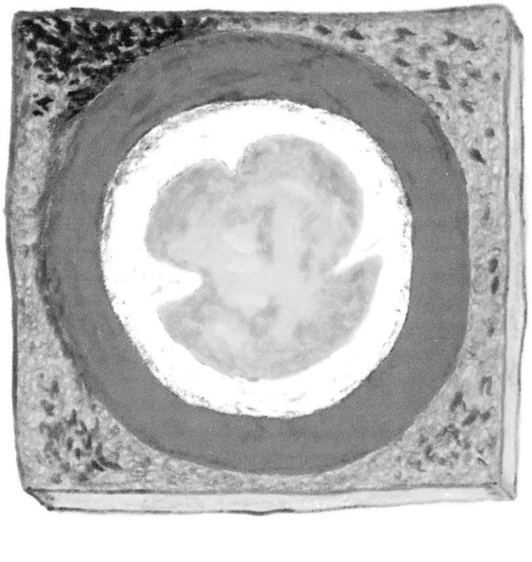

たまごのきみには
けっしてしおを
ふっちゃダメ

NE
SALEZ
JAMAIS
LE JAUNE
D'OEUF

posez le nid
d'oeuf sur
un rond
de papier
d'aluminium
pour qu'il
ne colle
pas
à la plaque
du
four

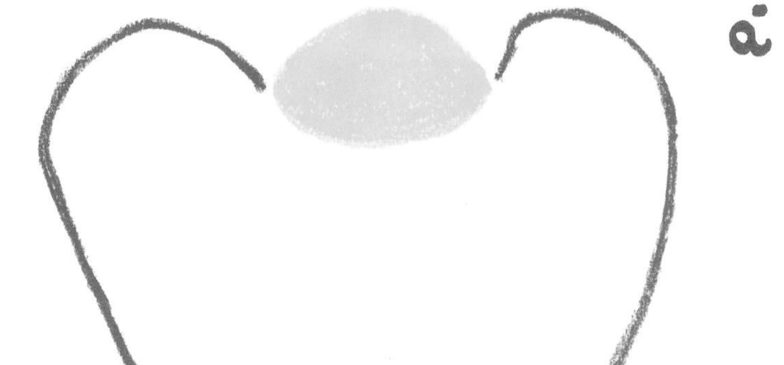

オーブンの天板にくっつかないように
まるくきったアルミホイルを天板のうえにしいてから
巣をおくとうまくいくよ

Nid d'œuf (1 pers)

とりの巣たまご（ひとりぶん）

オーブンを２４０度にあたためておこう。

たまご１コを　きみとしろみにわける。
しろみはボウルのなかにいれて
きみはちいさなうつわに　とっとく。

しろみのボウルに
しお２つまみをいれる。
あわだて器でしろみをモコモコの
ゆきみたいに　かたくあわだてたら
けずったチーズおおさじ２はいをいれて
あわをつぶさないように
そっとまぜる。

あわだてたしろみを天板のうえに
とりの巣のかたちにのせて
オーブンで３ぷんやく。

オーブンをあけて
とりの巣のまんなかに
とっといたきみを
そっとのせたら
また３ぷんやく。

巣がぺしゃんこに
なるまえに
すばやくテーブルへ
はこぼう。

servez trés vite.

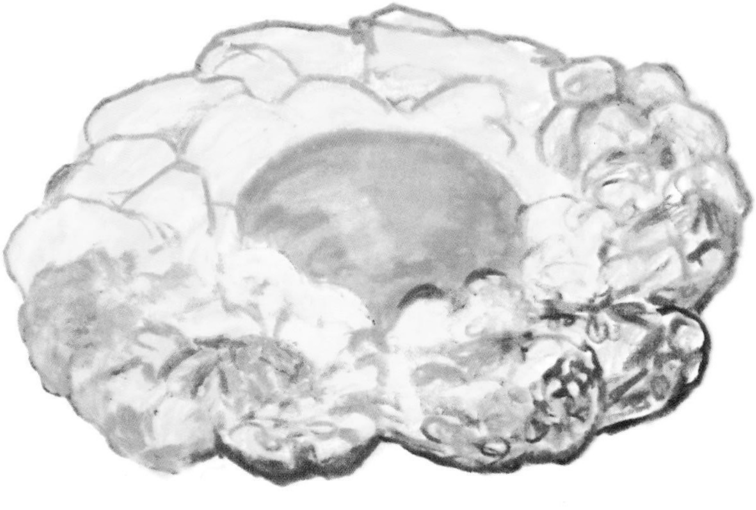

pour séparer les blancs

des jaunes

たまごのしろみときみは
こうやって　わけるんだ

pour avoir des blancs
en neige très ferme
ajoutez une pincée
de sel

しろみをモコモコのゆきみたいに
かたくあわだてるコツは
しお１つまみ　いれること

Soufflé au Fromage (2 ou 4 pers)

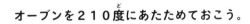

チーズのスフレ（ふたり、またはよにんぶん）

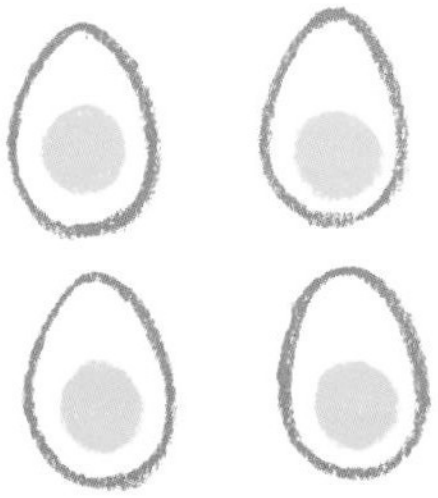

オーブンを２１０度にあたためておこう。

たまご４コの　しろみときみをわけて
しろみはおおきなボウルのなかに
きみはうつわにいれて　とっとく。

弱火になべをかけて　バターおおさじ２はいをいれる。
バターがじゅうじゅうしてきたら
薄力粉おおさじ１ぱいをいれて
木べらで１ぷんかん　かきまぜながらいためる。
木べらでかきまぜながら　つめたい牛乳１カップを
すこしずつなべにいれる。
とっといたきみ４コもいれて　よくまぜて
しお２つまみふる。

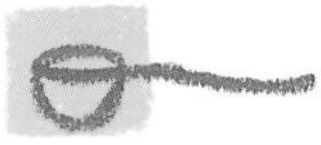

バターおおさじ１ぱいを型にぬる。

なべを火からおろす。

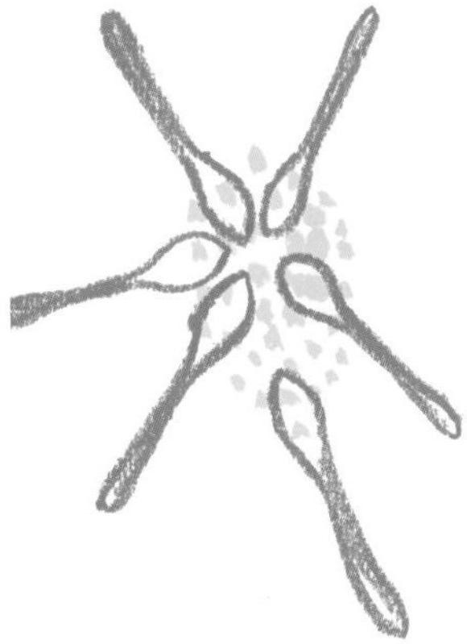

しろみをモコモコのゆきみたいに　かたくあわだてたら
なべのなかにいれる。
そこに　けずったチーズおおさじ５はいをいれて
木べらですばやくまぜる。

うちがわにバターをぬっておいた型に
なべのなかみをいれて
オーブンで１５ふんやく。

オーブンをあけて
けずったチーズおおさじ１ぱいを
スフレのうえにふりかけて
もういっかい１０ぷんやけば　できあがり。

l'huile est chaude
quand elle commence
à fumer

あぶらからけむりがたったら　あつくなってるしょうこだよ

ポイント！　料理でつかう油、日本とフランスのちがい

日本では、いためものならサラダオイルやごま油、揚げ物ならキャノーラ油をつかうことがおおいよね。フランスでは、こうした油のほかに、ひまわり油やなたね油、くるみやヘーゼルナッツオイルなんかもあって、種類がほうふ。だから、料理にあわせて油もいろいろかえるんだ。日本でもよくつかわれているオリーブオイルがドレッシングにかかせないのは、フランスでもいっしょだよ。

Beignets de crabe

(4 pers)

かにのベニエ〜
フランスふうフリット（よにんぶん）

水１カップ
バターおおさじ３はい
しお５つまみ
をいれて　なべを強火にかける。

ぐつぐつ煮立ったら
薄力粉１カップをいれて
火を弱火におとす。
２ふんかん　木べらでぐるぐる
がんばってまぜたら　火からおろす。

la pâte doit
se détacher
des bords de
la casserole

きじはなべのかべからはなして
なるべくまんなかのほうで
ぐるぐるかきまぜよう

フライパンを中火にかけて
揚げ油３カップをそそいで
あぶらをあたためる。

かにのかんづめ１コぶんを
こまかくほぐして　さっきのなべにいれる。
そこにたまご３コを
ひとつずつわりいれて
木べらでよくまぜる。

きじができたら
こさじ１ぱいぶん　スプーンですくって
せいけつなゆびで　すべらせながら
あつくしておいた　あぶらのなかに
そっといれる。（やけどしないようにね！）

avec le doigt (propre)

こんがりきつねいろになるまで
５ふんあげたら　できあがり。

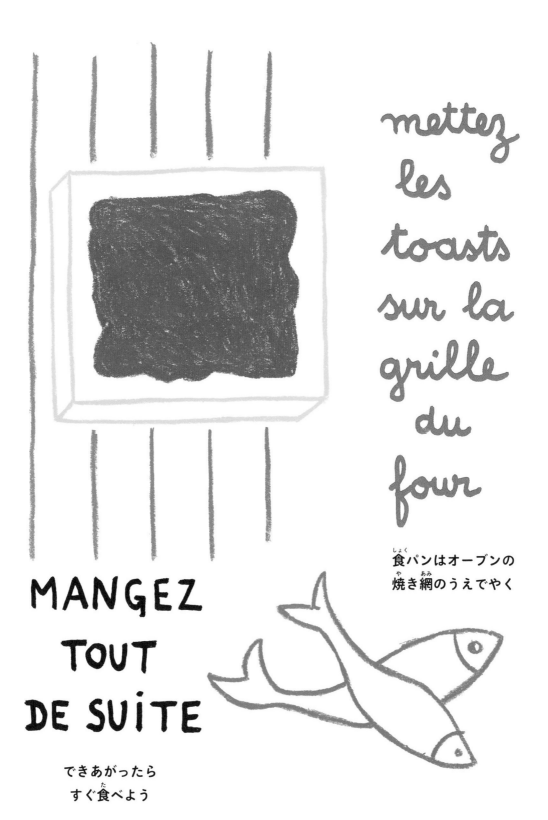

mettez
les
toasts
sur la
grille
du
four

食パンはオーブンの
焼き網のうえでやく

MANGEZ TOUT DE SUITE

できあがったら
すぐ食べよう

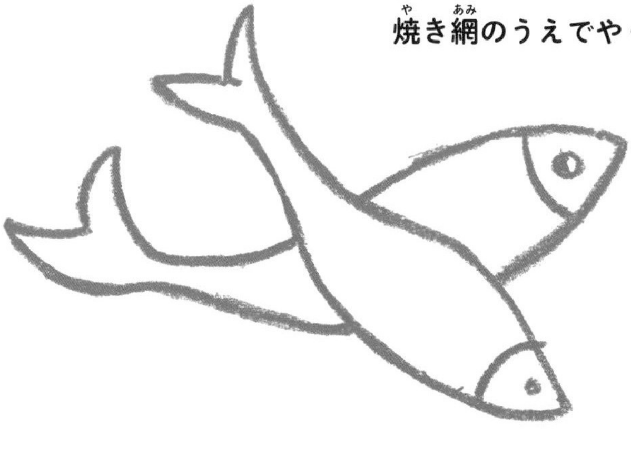

Sardines Soufflées (2 pers)

いわしのふわふわトースト（ふたりぶん）

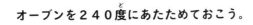

オーブンを２４０度にあたためておこう。

食パンを２まいよういして
パンのみみをきっておく。

たまご１コを　しろみときみにわけて
しろみはボウルのなかに
きみは　べつのボウルにいれておく。

きみがはいってるボウルに
かんづめのトマト味のいわし２まい
バターおおさじ１ぱい
しお２つまみをいれて
フォークで　めちゃくちゃにまぜよう。

しろみをモコモコのゆきみたいに　かたくあわだてたら
さっきめちゃくちゃにまぜたやつがはいってる
ボウルにすこしずついれて　またまぜる。

２まいの食パンのうえに
まぜたのを　こんもりのっけて
オーブンで１０ぷんやいたら
できあがり。

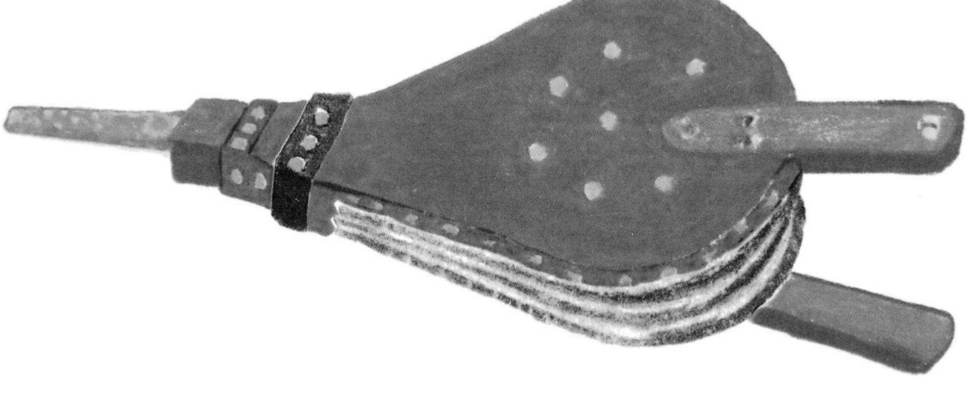

TAPOTEZ
les filets
de sole
entre
les mains
pour
faire tomber
le surplus
de farine

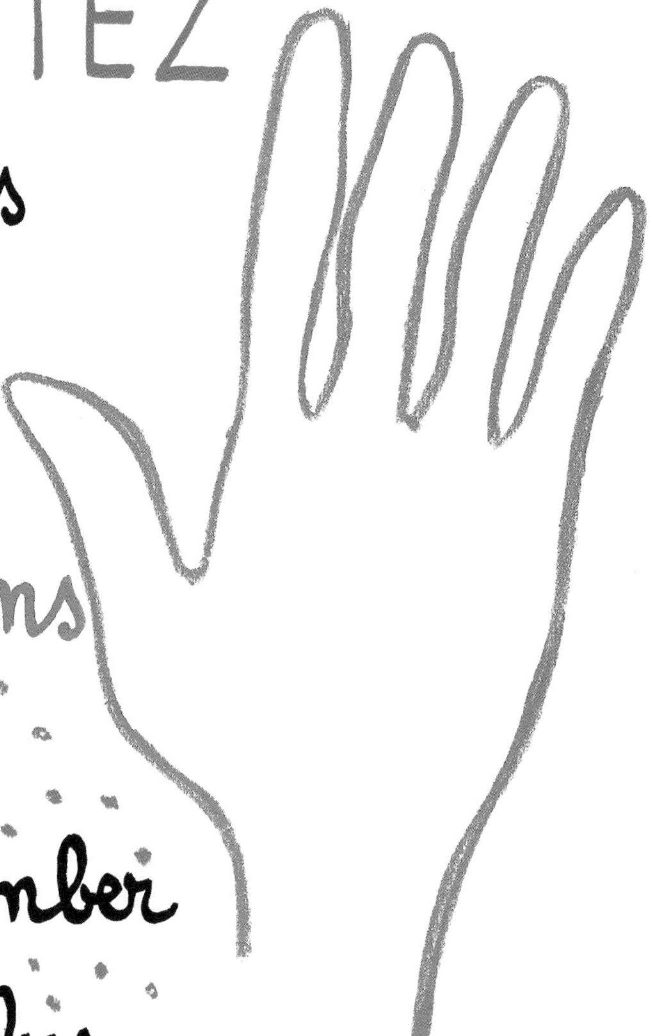

舌平目の
よぶんな薄力粉は
りょうてでトントン
たたいておとそう

Filets de sole aux amandes

(2 pers)

舌平目のフィレ
アーモンドふうみ（ふたりぶん）

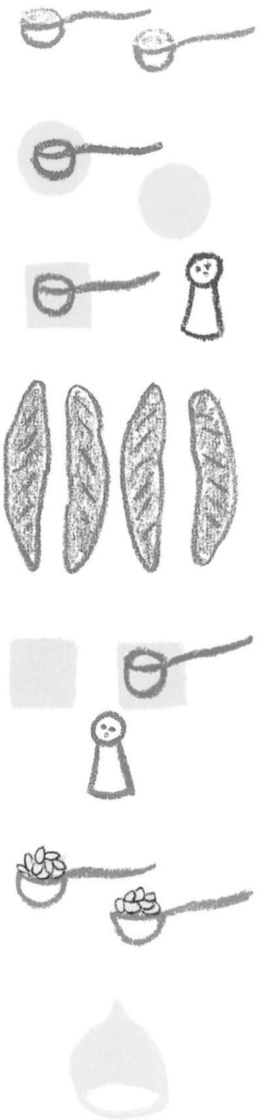

薄力粉おおさじ２はいを
おさらにいれておく。

サラダオイルおおさじ２はいと
バターおおさじ２はいをいれた
フライパンを中火にかける。

舌平目のフィレ４まいに
それぞれ　しお１つまみずつふって
さっきの薄力粉をうすく　まんべんなくつけたら
フライパンにいれる。

かたほうのめんを５ふんずつ
きつねいろにりょうめん
やいたら　テーブルにだすおさらにとっておく。

舌平目をやいたあと　フライパンにのこってる
あぶらはすてて（フライパンは洗わないでね）
バターおおさじ２はいをいれる。

バターがとけたら
しお２つまみ
スライスアーモンドおおさじ２はい
レモンじる１／２コぶん
をフライパンにいれて
１ぷん　そのまま火をとおす。

ソースができたら
舌平目のうえに
たっぷりかけて　めしあがれ。

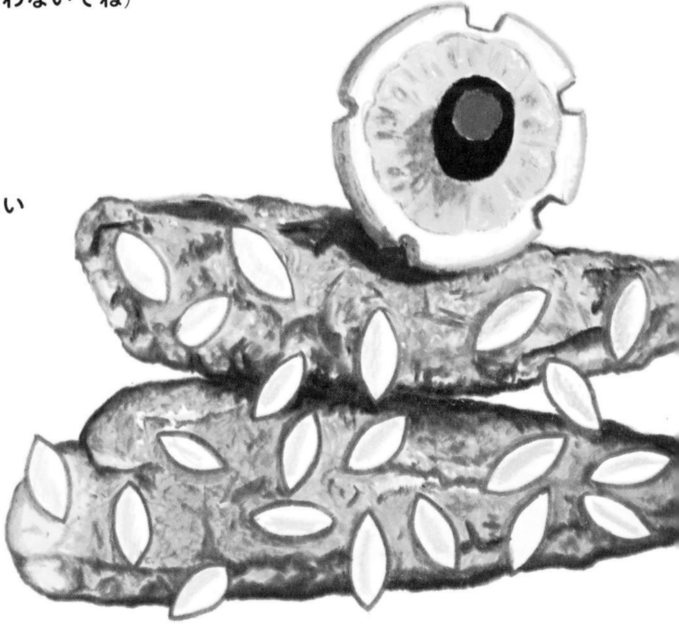

にくととりのルセット

ジャンバラヤ〜ルイジアナふうたきこみごはん
コック・オ・ヴァン〜とりのワインにこみ
パイナップルふうみのフライドチキン
ガーリックチキン
しおのドームにとじこめたチキン
うさぎのマスタードパン粉(こ)やき　クリームソースぞえ
こうしのミートロール
ポークリブのりんごステーキ
マッシュルームいりハンバーグステーキ
こしょうふうみのステーキ

viandes et poulets

Jambalaya
coq au vin
poulet à l'ananas
poulet à l'ail
poulet au sel
lapin à la moutarde
roulade de veau
côte de porc aux pommes
steack haché aux champignons
steack au poivre

こうしの　うすぎりにくは
こんなふうに２つにきって
それからブルーの線みたいにきる

coupez l'escalope

en 2 – – – – – –

puis en tranches

moyennes

ポイント！　フランスのりょうてなべ・ココット

この料理をつくるときにつかう、取っ手がふたつついたほうろうの耐熱なべを、フランスではココットとよぶんだ（ちなみに耐熱皿のこともココット。４１ページの“カレー味のたまごのココット”をみてね）。フランスのなべメーカー、《ル・クルーゼ》や《ストウブ》は日本でもゆうめいだね。オーブンにもつかえるココットなべは、フランス料理にかかせないなべなんだ。だいじにするとながくつかえて、いろんな料理がおいしくできる、まほうのなべになるよ！

Jambalaya (4 pers)

ジャンバラヤ〜ルイジアナふうたきこみごはん（よにんぶん）

ちっちゃなソーセージのかんづめ（やく１００g）をざるにあけて
なかにはいってる水をすてよう。
（ソーセージはかんづめじゃなくてもいいよ）

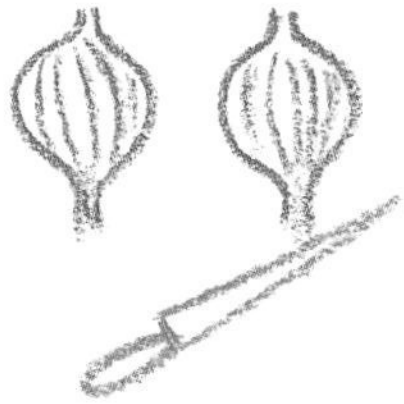

こうしの　うすぎりにくは
ひだりのページにあるイラストみたいにきってね。

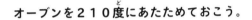

オーブンを２１０度にあたためておこう。

おおきなたまねぎ１コを　すごくこまかいみじんぎりにする。

ココットなべを中火にかけて
バターおおさじ２
サラダオイルおおさじ３をいれて
バターがとけたら　たまねぎのみじんぎりをいれて
すこし　ちゃいろっぽくなるまで５ふんいためる。

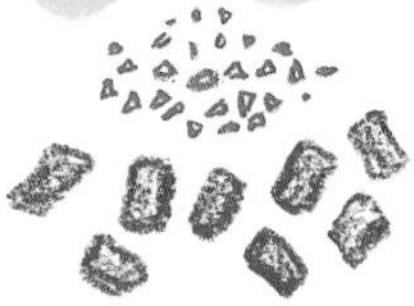

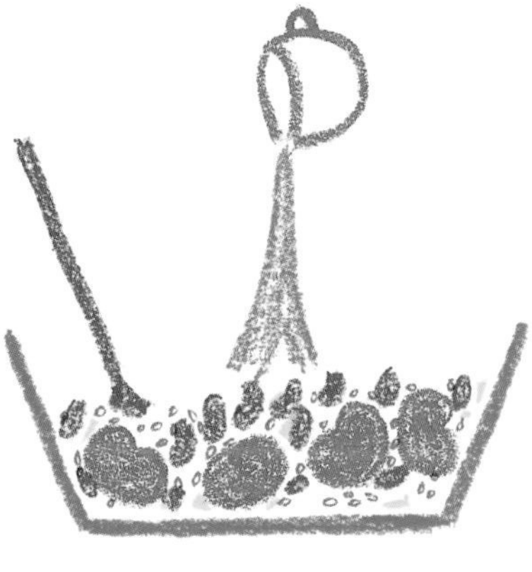

きったこうしの　うすぎりにくと
しお６つまみを　なべにいれて
木べらをうごかしながら５ふんいためる。

おこめ１と１／２カップ
カレー粉おおさじ１をいれて木べらでまぜたら
トマト４コをまるごと　おこめにうめて水３カップをいれる。

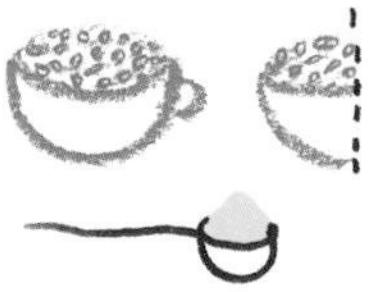

たべるときは
ぜんぶよくまぜてね！

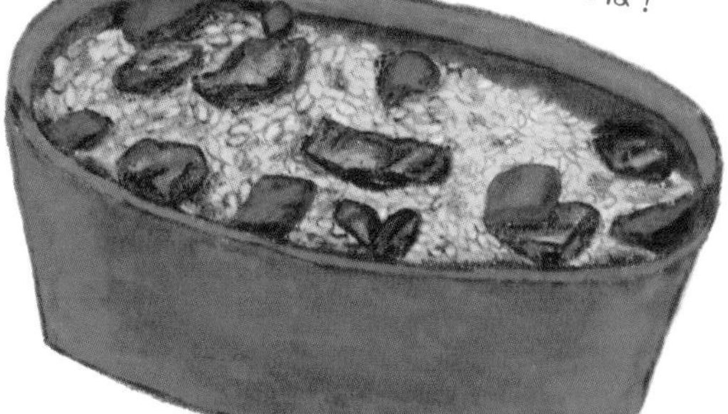

かるくまぜてから　なべをオーブンにいれて
１５ふん火をとおす。

１５ふんたったら　オーブンをあけて
なべのうえにソーセージをのっけて
また５ふん火をとおす。

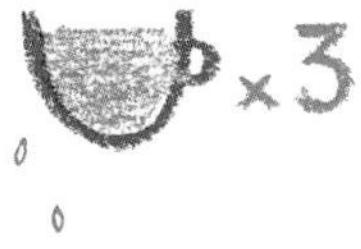

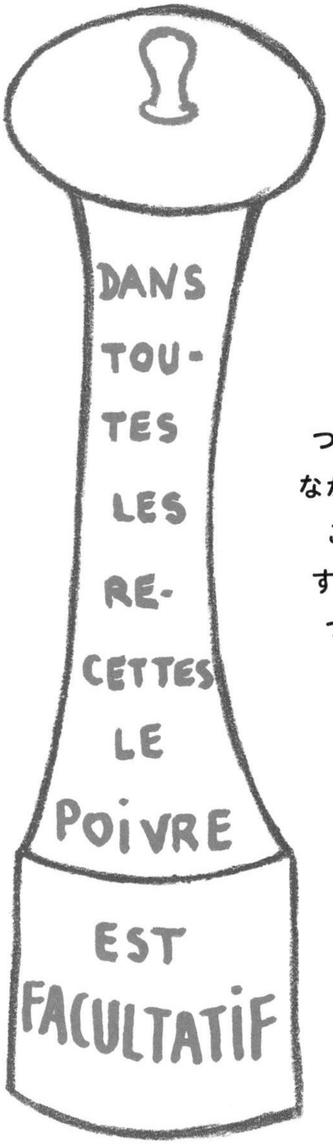
DANS
TOU-
TES
LES
RE-
CETTES
LE
POIVRE
EST
FACULTATIF

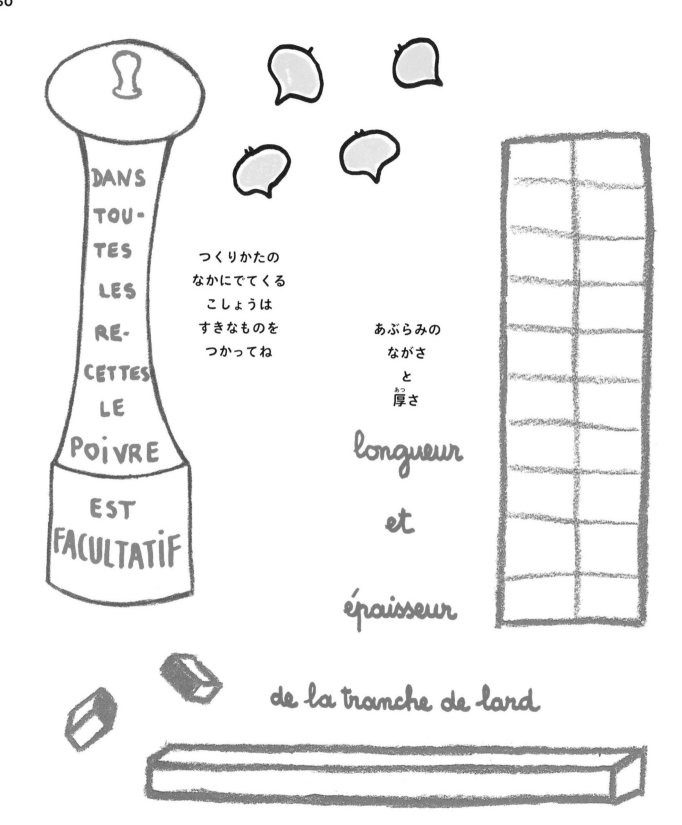

つくりかたの
なかにでてくる
こしょうは
すきなものを
つかってね

あぶらみの
ながさ
と
厚さ

longueur

et

épaisseur

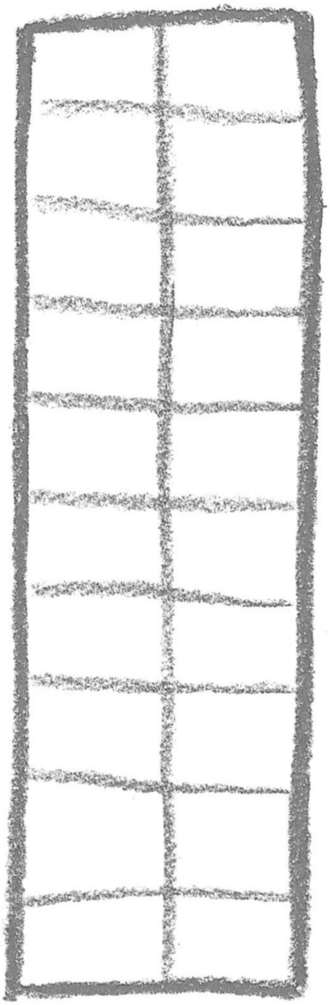

de la tranche de lard

Coq au Vin (4 pers)

コック・オ・ヴァン〜とりのワインにこみ（よにんぶん）

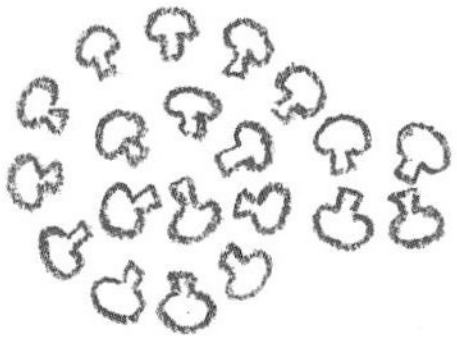

マッシュルームは
新鮮なもの
パックいりどちらでも

ちいさなマッシュルームを２０コあらって
ざるにあげて　水をきっておく。
（おおきかったらきってもいいよ）

ちっちゃなたまねぎ（あればペコロスやエシャロット）の皮を２０コむく。
にんにくのおおきな１つぶは　みじんぎりにする。

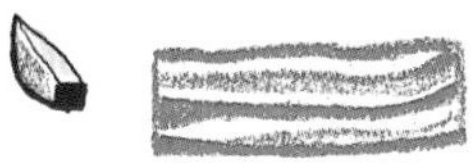

ぶたの背あぶら１まいを
ひだりのページのイラストみたいに
しかくに２０コきる。
（ぶたの背あぶらがなかったら、ベーコンのあぶら身をつかってもいいよ）

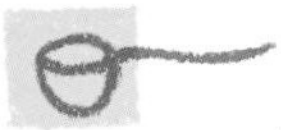

ココットなべを中火にかけてバターおおさじ１をいれる。

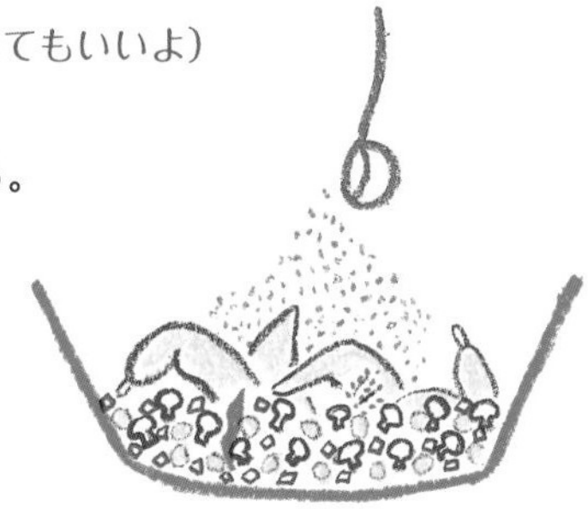

バターがじゅうじゅうしてきたら
しかくにきったあぶら身
ちっちゃなたまねぎ　みじんぎりのにんにく
マッシュルーム　タイム１ぽん　ローリエ１まい
をいれて　すこしちゃいろっぽくなるまで５ふんいためる。

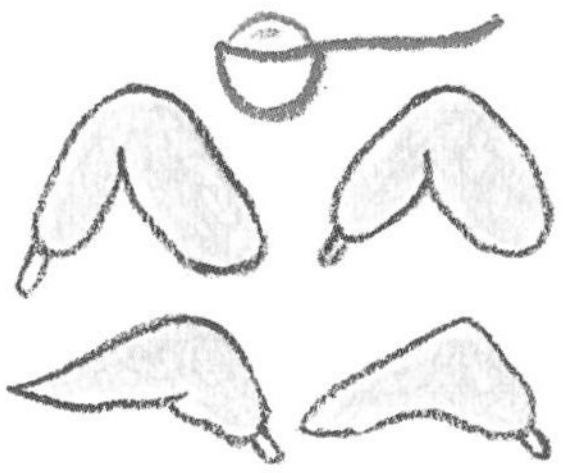

そこに薄力粉おおさじ１をふりかけ
４つにきった　とりをいれて
木べらでまぜたら
なべにふたをして１０ぷん火をとおす。

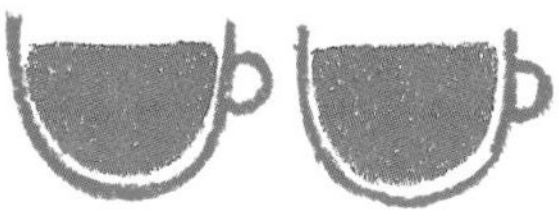

あかワイン２カップとしお３つまみ
をいれたら火を弱火におとして
４０ぷん煮こめば　かんせい。

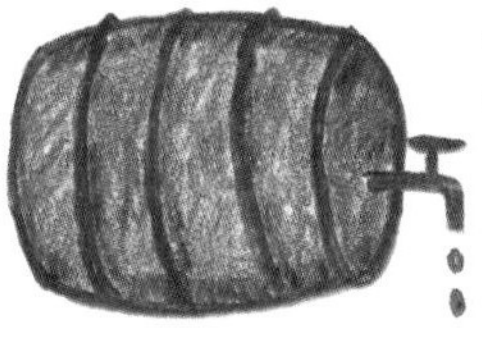

あかワインのアルコールは
煮こめばとんじゃうよ！

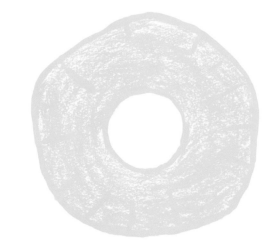

l'ananas
frit

plus
vite que

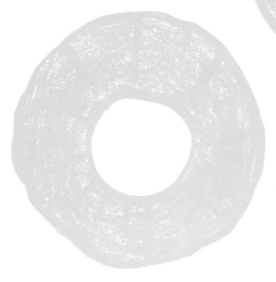

le poulet

パイナップルは
とりよりも
はやく
あがるんだ

Poulet Frit à l'ananas (6 pers)

パイナップルふうみのフライドチキン（ろくにんぶん）

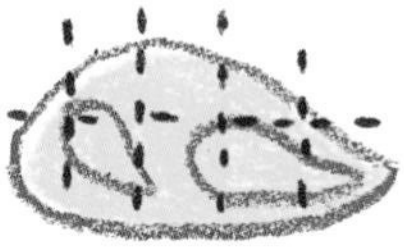

ふかめのおさらに牛乳１カップ
しお３つまみをいれて
１４コにきったとり１わを　きれいな手でよくつけよう。

バイナップルのかんづめ１コをあける。

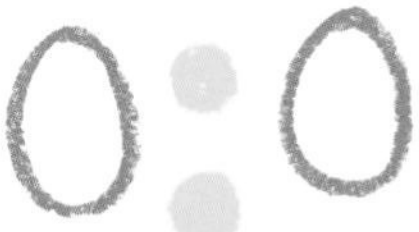

たまご２コを　しろみときみにわけて
しろみはおおきなボウルのなかに
きみはべつのうつわに　とっとく。

おおきなボウルに小麦粉カップ１と１／２ぱいをいれて
あわだて器でまぜながら
パイナップルのかんづめのしる
とっといたきみ２コ
しろワイン１／２カップ（なかったらビールでもいい）
しお５つまみをいれる。

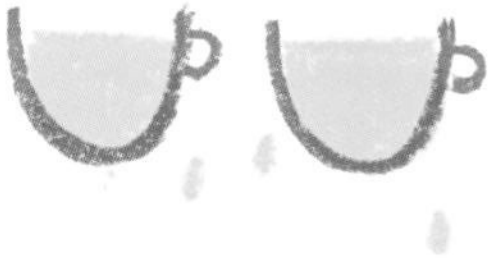

très ferme

揚げ油を２カップいれた　おおきなフライパンを強火にかける。

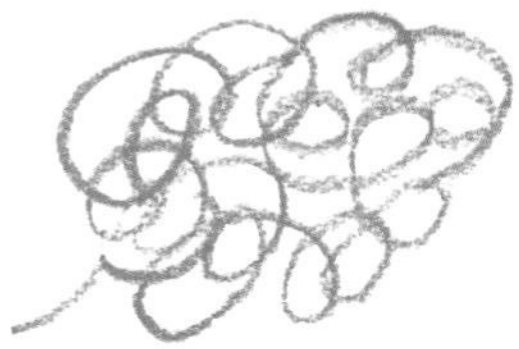

つけておいたとりを　ざるにあげて
みずけをきって　さらにふきんで水気をふきとる。

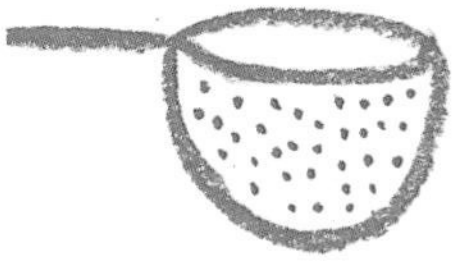

しろみ２コぶんをモコモコのゆきみたいに
かたくあわだてて　さっきあわせておいた
きじのなかに　すこしずついれてまぜる。

そのなかにとりをいれて　きじをつけたら
あたためておいた　あぶらのなかにいれて
りょうめんを５ふんずつ　あげる。

とりとおなじようにパイナップルにも　きじをつけて
りょうめんを３ぷんずつ　あげよう。

quand le poulet est cuit

posez les morceaux

dans le plat

et

ajoutez dans la cocotte

1 cuillère à soupe d'eau FROIDE

remuez très vite

avec le fouet

とりがやけたら

おさらのうえにおいてね

そして　つめたい水をおおさじ１ぱい

なべのなかへいれて

あわだて器で　すごく　てばやくかきまぜる

Poulet à l'ail (4 pers)

ガーリックチキン（よにんぶん）

薄力粉おおさじ２はいを　おさらにいれておく。

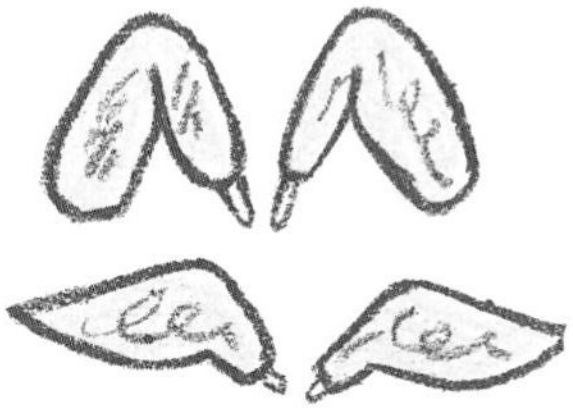

とりの手羽や　ももにくなどのかたまり
４つにそれぞれ　しお２つまみずつふる。

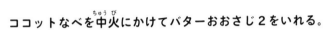

ココットなべを中火にかけてバターおおさじ２をいれる。

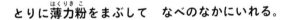

とりに薄力粉をまぶして　なべのなかにいれる。

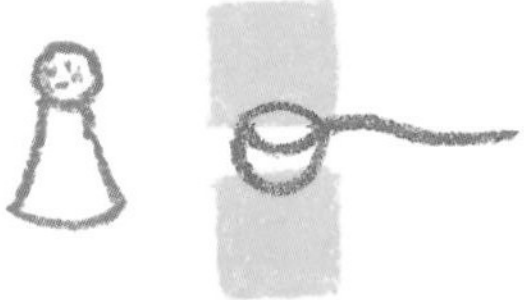

にんにく３つぶの　皮をむく。

なべのとりを　ひっくりかえす。

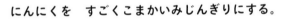

にんにくを　すごくこまかいみじんぎりにする。

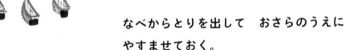

なべからとりを出して　おさらのうえに
やすませておく。

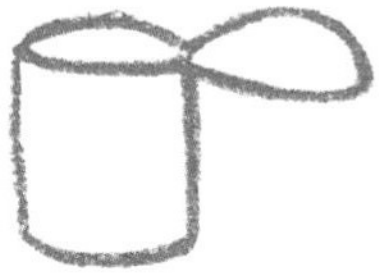

みじんぎりにしておいたにんにくを　なべにいれる。

エバミルク（無糖コンデンスミルク）の
おおきなかんづめを１コあけよう。

白ワイン１／２カップ
エバミルク
やすませておいたとりと
しお３つまみをなべにいれたら
火を弱火におとす。

なべのうえにふたをして
コトコト２０ぷん煮こめば
できあがり。

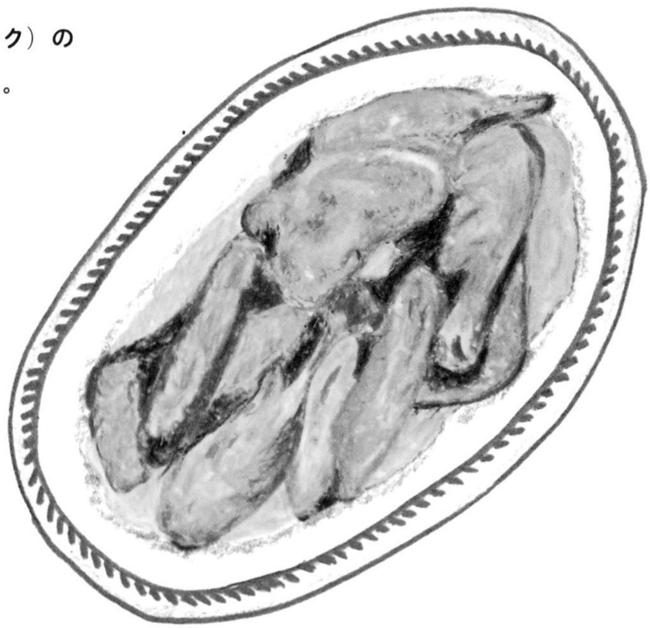

なかのとりをだすときは
しおのドームをやさしく
そっとこわしてね

cassez
DÉLICATEMENT
la
croûte du sel
pour sortir le poulet

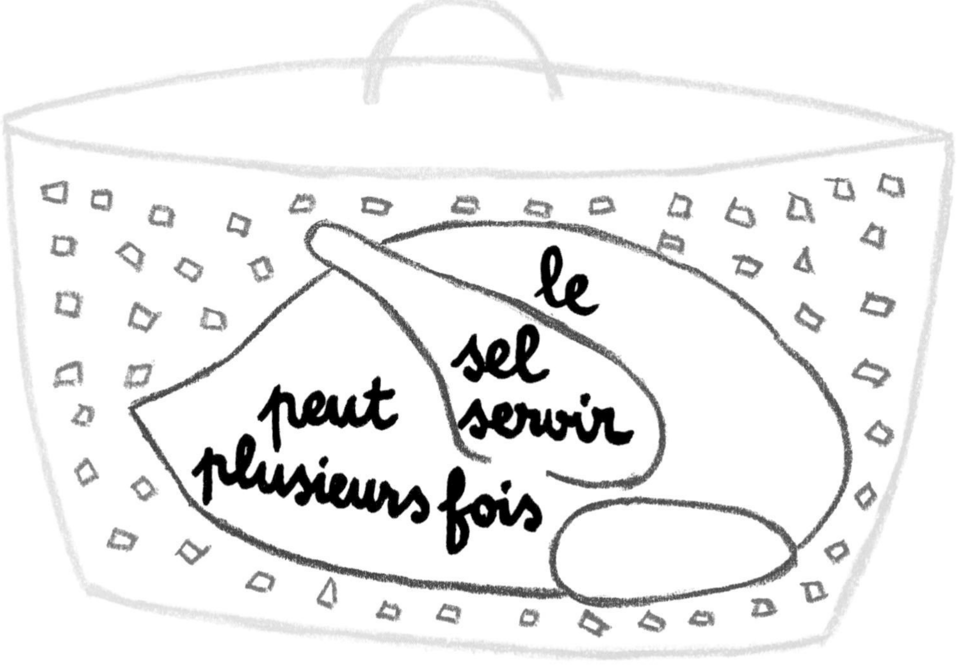
le
sel
peut servir
plusieurs fois

ドームにつかったしおは
なんかいも　つかえるよ

Poulet au sel (4 pers)

しおのドームにとじこめたチキン（よにんぶん）

オーブンを２７０度（いちばんたかいおんど）に
あたためておく。

とり１羽がまるごとはいる　ココットなべのそこに
あらじお２はいをしきつめて
とりをおく。

とりのまわりは　あらじお６はい
うえには　あらじお４はい　つかって
とりをしおのドームにとじこめたら
なべにふたをして
１じかん半やく。

とりが　こがねいろになって
なかまで火がとおったら
かんせい。

うさぎに
しおは
ふらない

ne salez
pas
le lapin

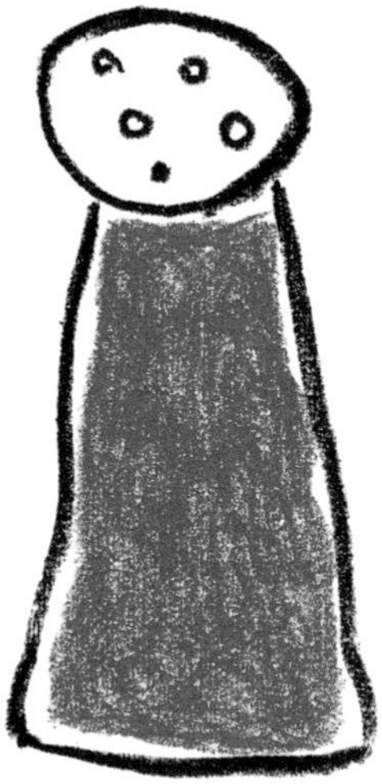

la
moutarde
suffit

マスタードで
じゅうぶん

ポイント！　うさぎをたべるの！？

このルセットをみて、「えっ、うさぎをたべるの！？」ってびっくりしたひともいるかもしれないね。でもフランスでは、うさぎはとてもポピュラーで、からだにもいいといわれているお肉なんだ。日本でも、うさぎをたべる習慣が地方によってはあるんだよ。もし、うさぎ肉が手にはいらなかったら、とりのむね肉でつくってもおいしいよ。

Lapin à la moutarde

(4 pers)

うさぎのマスタードパン粉やき
クリームソースぞえ（よにんぶん）

オーブンを２４０度にあたためておこう。

マスタードおおさじ３ばい
パン粉おおさじ２はい
オリーブオイルおおさじ１ぱいを
フォークをつかって　おさらのうえでまぜたら
うさぎにくのかたまり４つ（ごうけい５００ｇくらい）の
ひょうめんに　まんべんなくぬる。

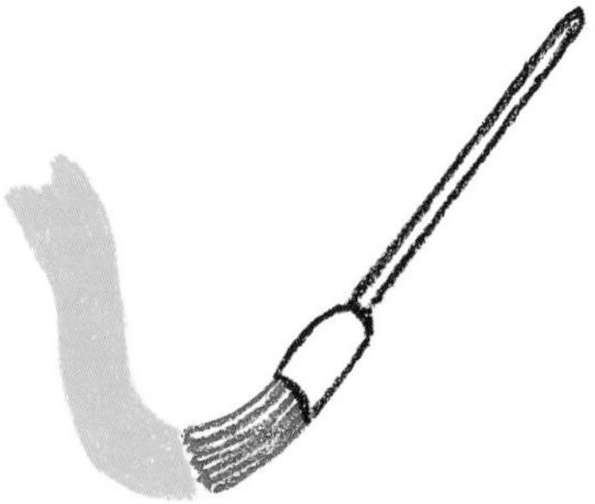

天板のうえに（クッキングシートをしいて）
にくをのせて３０ぷんオーブンでやく。

やけたらテーブルにだすおさらのうえに
のせておく。

生クリーム１カップ
しお３つまみ
をちいさななべにいれる。
中火にかけて　木べらで１ぷん
まぜたらソースのかんせい。

こうばしいパン粉やきの
うえにたっぷりかけてね。

disposition
des ingrédients

ざいりょうの
おきかたは　こう

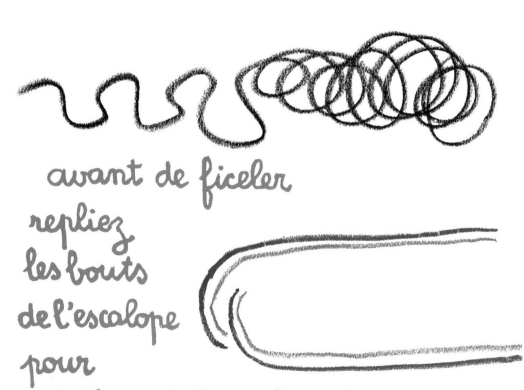

avant de ficeler
repliez
les bouts
de l'escalope
pour
qu'elle soit bien fermée

こうしにくを
たこ糸でくくるまえに
おにくがきちんととじるように
はじっこを　おりたたもう

Roulade de Veau (2 pers)

こうしのミートロール（ふたりぶん）

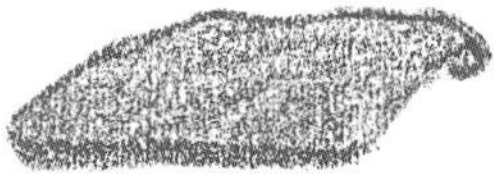
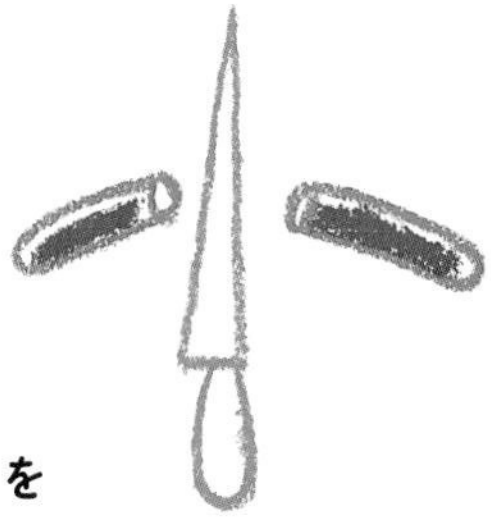

オーブンを２４０度にあたためておこう。

こうしにく１まいを
めんぼうでたたいて　うすくのばしたら
ハム（ちいさいハムなら４まい、おおきいハムなら２まいくらい）を
にくのうえにおいて

フランクフルトソーセージ１ぽんを
はんぶんにきってから２ほんならべて
ハムのまんなかにおこう。

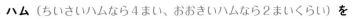

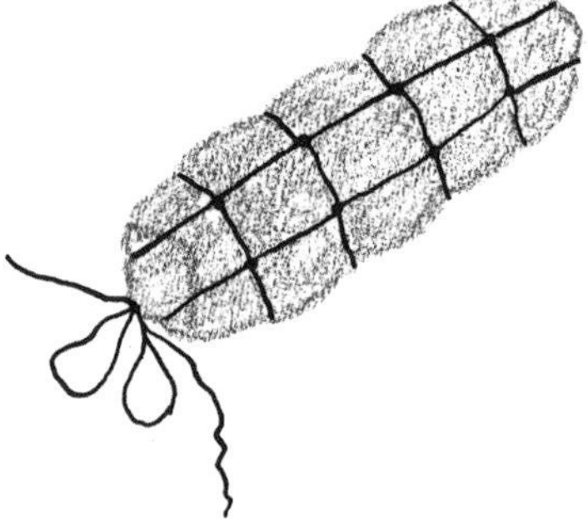

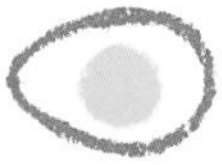

かたゆでたまご１コ

生クリームこさじ１ぱい

しお３つまみを　おさらにいれて
フォークでめちゃくちゃにまぜたら
ソーセージのしたや　まわりにぬる。

comme un gros saucisson
おおきなソーセージみたいに

いろいろのせたにくを　おおきなソーセージみたいに
くるくるまいて　たこ糸でていねいにくくってから
しお４つまみをふる。

にくを耐熱皿のなかにいれて

バターおおさじ１ぱい
サラダオイルおおさじ１ぱいを
にくのうえにのせたら

オーブンで３５ふんやく。

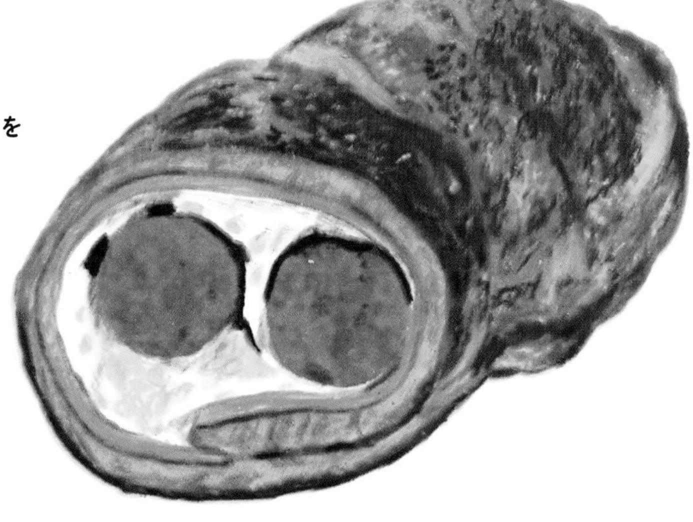

le cochon

doit se manger

très cuit

ぶたにくは
よく火をとおして
たべることが
だいじなんだ

Côte de porc aux pommes

(1 pers)

ポークリブのりんごステーキ（ひとりぶん）

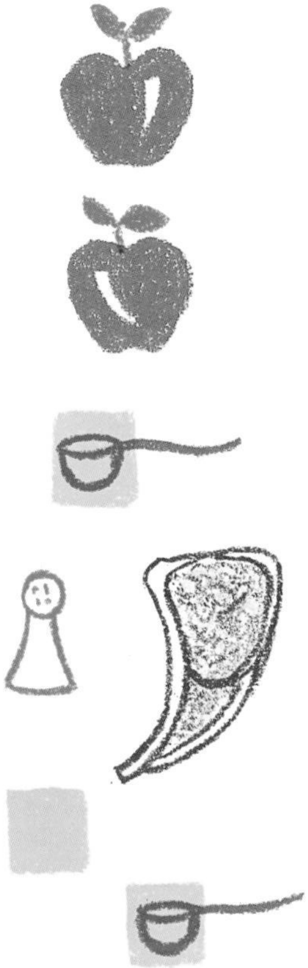

りんご２コの皮をむいて
４つにきったら　きった１コずつを
さらに５まいの　うすぎりにする。

フライパンを中火にかけて
バターおおさじ１ぱい　いれる。

ポークリブ１まいのりょうめんに
しお１つまみずつふって
なべにいれて３ぷんやいたら
ひっくりかえす。

ポークリブのはいってるフライパンの
あいてるところにバターおおさじ２と
きったりんご
しお４つまみをいれて
ときどきフォークで
まぜながら５ふんいためる。

りんごのりょうめんが
きつねいろになったら
できあがり。

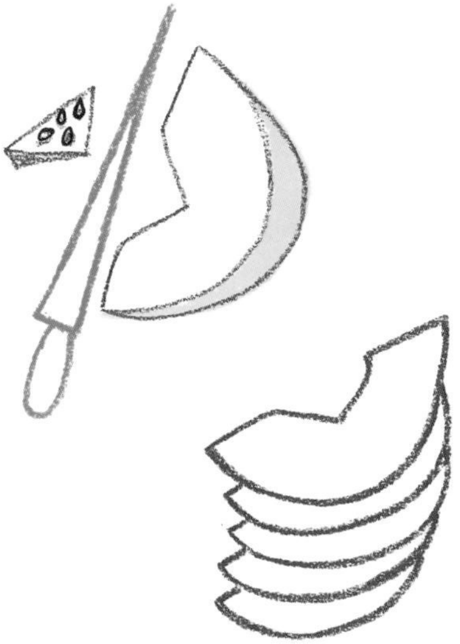

5 tranches par quartier

１／４コを５まいにうすぎり

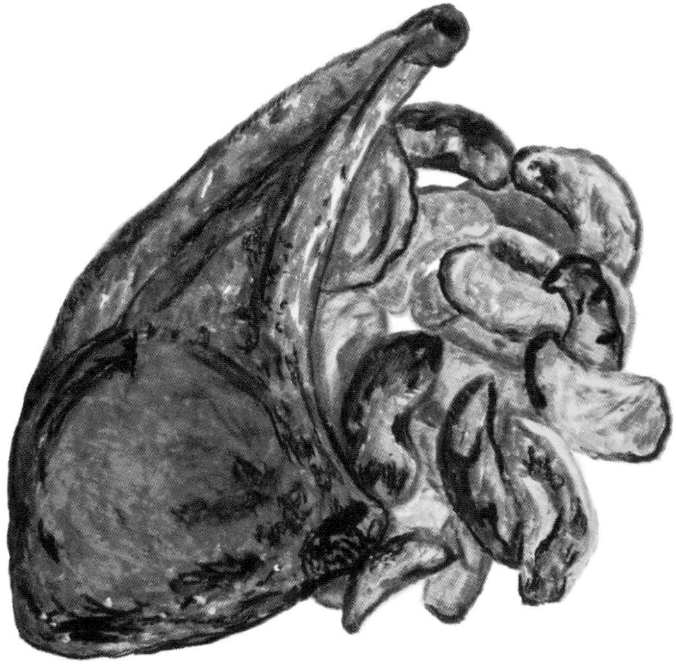

ポイント！　ポークリブにあう、りんごのえらびかた

フランスでこの料理をつくるときは、“レイネット”っていうきいろのりんごをつかうんだ。さんみがあって、かおりがつよくて、火をとおしても煮くずれない。日本なら、ゴールデンデリシャスや紅玉をつかうとおいしくできるよ！

laissez toujours
la cuisine
propre

キッチンはいつも
きちんとせいけつに　しておこう

la
viande
hachée
ne se
conserve pas

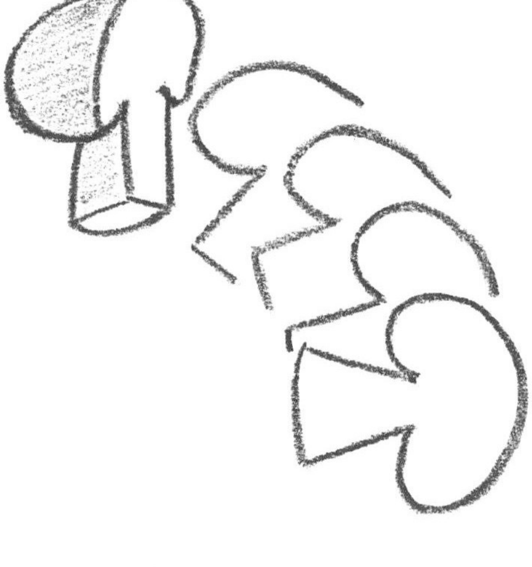

ひきにくは
なるべくはやく
つかいきること

Steacks hachés aux champignons (2 pers)

マッシュルームいりハンバーグステーキ（ふたりぶん）

マッシュルームのちいさなかんづめ１コ
ざるにあけて水をきったら　うすぎりにして
さらにこまかいみじんぎりにする。

たまご１コ
きざんだマッシュルーム
牛ひきにく（やく２５０ｇ）
しお５つまみ
をボウルにいれて　よくこねたら
ぎゅっとちからをこめながら
ハンバーグのまるいかたちに
２コととのえる。

en compressant bien la viande

にくはおしつぶしながら
よーくこねる

フライパンを中火にかけて
バターおおさじ１
サラダオイルおおさじ１をいれる。

あぶらがじゅうじゅうしてきたら
かたちをととのえておいた２コのひきにくを
すべらせてフライパンにいれる。

３ぷんやいたら
フライがえしで　ひっくりかえして
はんたいがわも３ぷんやく。

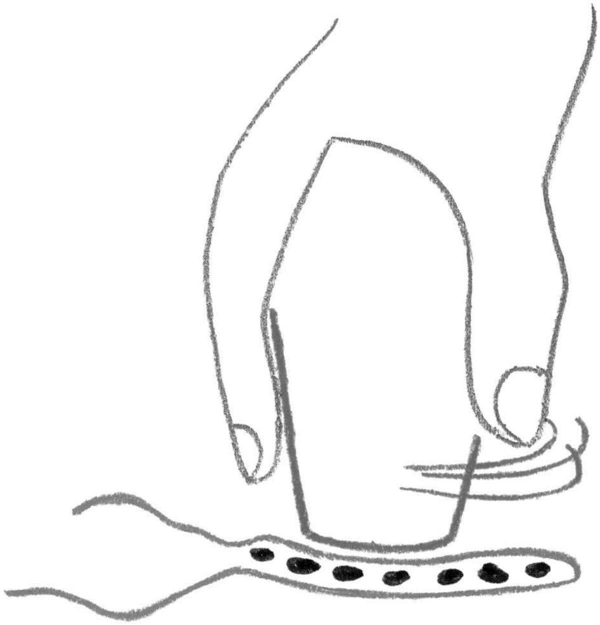

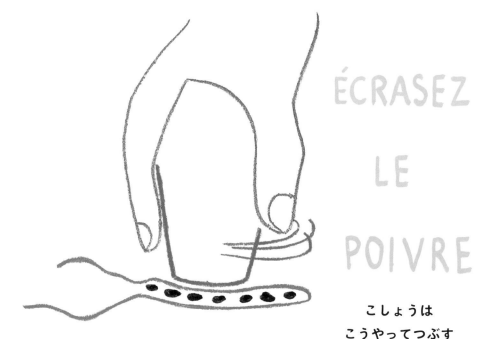

ÉCRASEZ LE POIVRE

こしょうは
こうやってつぶす

enfoncez-le dans le steack

つぶしたらステーキにくに　めりこませる

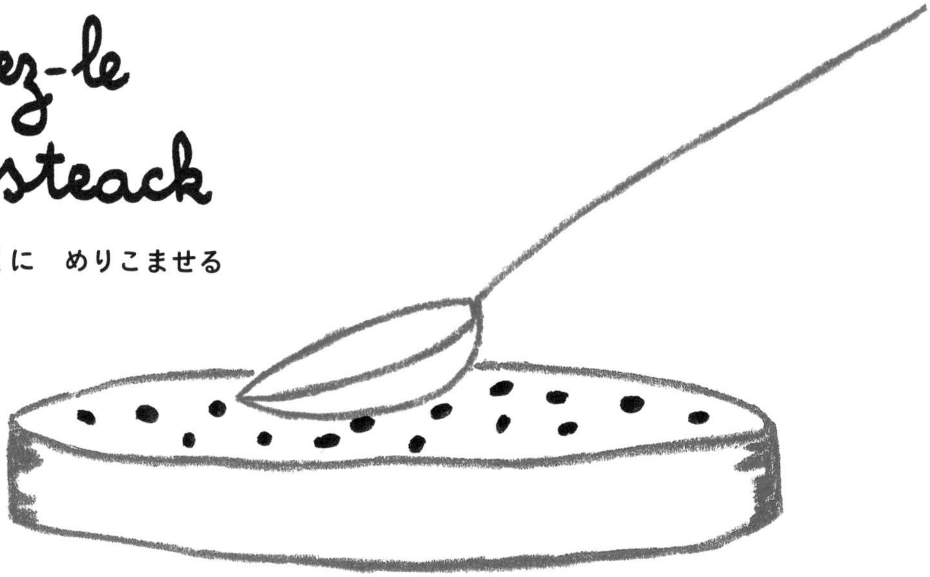

ポイント！　このステーキにあう、牛肉のえらびかた

フランスの牛肉は、日本の牛肉とくらべて、あぶらみがとてもすくないんだ。だからステーキのソースに生クリームをいれてもしつこくならない。日本でこのステーキをつくるときは、赤身肉のフィレや、むしろねだんのやすいオージービーフなんかがおすすめだよ。フランスでは、ステーキをひとり１まいずつたべたり、にんずうぶんのおおきなかたまり肉をじっくりやいて、あとできりわけてたべたりもするんだ。

Steack au Poivre (2 pers)

こしょうふうみのステーキ（ふたりぶん）

ホール（つぶ）のくろこしょう　こさじ１ぱいを
厚めのふきん２まいの　あいだにはさんで　こまかくつぶそう。
（コップのそこをつかうといいよ）

うしのステーキにく１まい（やく４００～５００g）の
りょうめんに　しお２つまみずつふったら
スプーンのせなかをつかって　つぶしたこしょうを
にくのりょうめんにギュッギュとめりこませる。

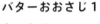

フライパンを中火にかけて
サラダオイルおおさじ１
バターおおさじ１
をいれる。

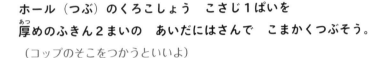

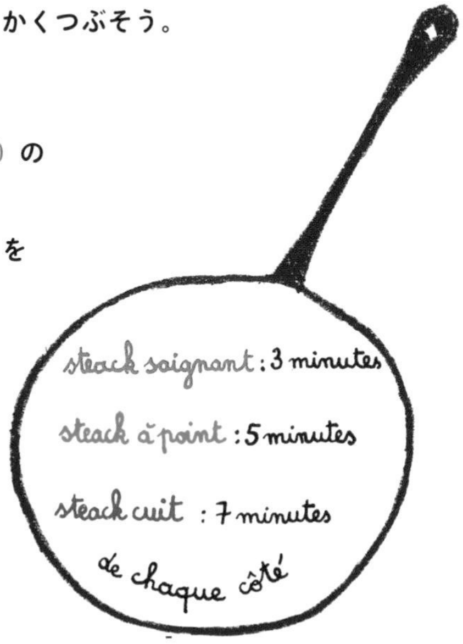

あぶらがじゅうじゅうしてきたら
ステーキにくをフライパンにいれて
ミディアムレアなら３ぷんずつ
りょうめんをやいたら
テーブルにだすおさらにのせておく。

ステーキのやきじかん（かためん）

ミディアムレア	：３ぷん
ミディアム	：５ふん
ウェルダン	：７ふん

フライパンのあぶらはすてるけど
ふかずにそのままで
コニャックこさじ１
バターおおさじ１
生クリームおおさじ２
しお２つまみ
をいれて　スプーンで１ぷんかん
まぜたらソースのかんせい。

ステーキのうえにかけてたべよう。

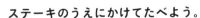

ソースとやさいのルセット

じかせいマヨネーズ
ベシャメルソース／モルネーソース
カリフラワーのハリネズミ
つくりたてパスタ
じゃがいものグラタン
フランスうまれのピラフ

Sauces et légumes

mayonnaise
sauce béchamel
sauce mornay
chou-fleur hérisson
pâtes fraîches
gratin de pommes de terre
riz pilaff

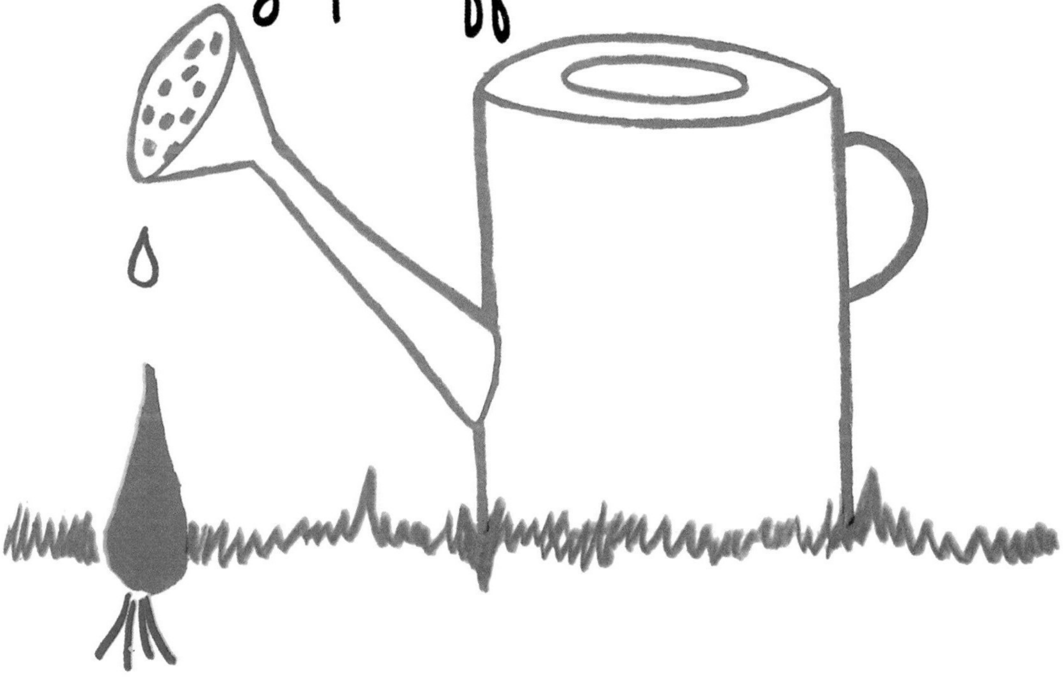

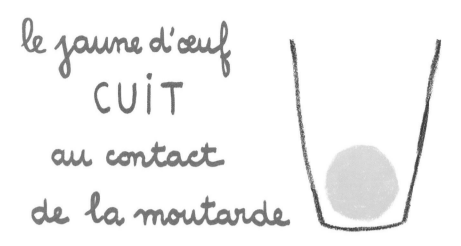

le jaune d'œuf
CUIT
au contact
de la moutarde

マスタードと　まじると
たまごのきみは
乳化する。
（あぶらと水みたいに　まざらないものがまざること）

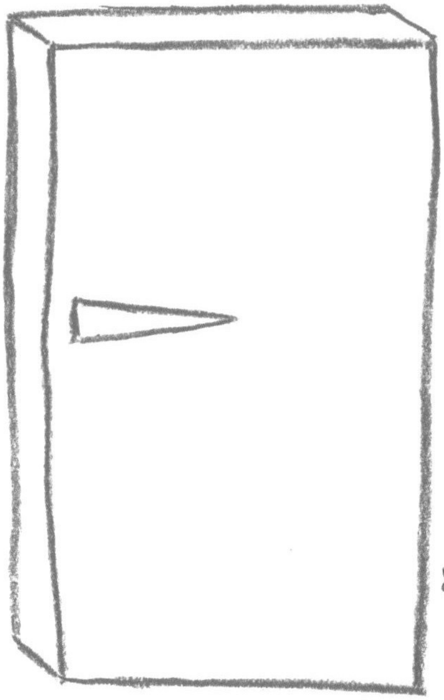

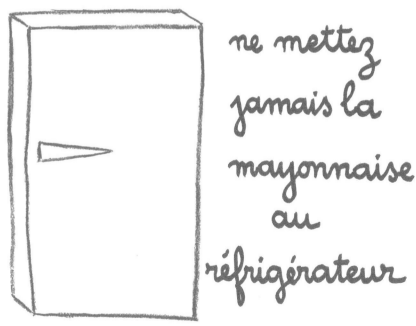

ne mettez
jamais la
mayonnaise
au
réfrigérateur

マヨネーズは
れいぞうこに
いれちゃダメなんだ
その日のうちにたべきってね

Mayonnaise (2,3 ou 4 pers)

じかせいマヨネーズ（ふたり〜よにんぶん）

たまごのきみ１コ
マスタードこさじ１
しお４つまみ
をちいさなボウルにいれて
木（き）のスプーンでかきまぜたら
そのまま３ぷんやすませる。

３ぷんたったら
サラダオイル３／４カップを
すこしずつ　すこしずつ
さっきのボウルにいれながら
木（き）のスプーンをとめずに
ぐるぐるまぜれば
じかせいマヨネーズのかんせい。

ポイント！　マヨネーズ、せいこうのひけつ

サラダオイルをいれはじめたら、がんばって木（き）のスプーンをうごかしつづけること。でないと、たまごのきみとオイルが分離（ぶんり）（うまくまざらなくなること）しちゃうんだ。

versez
l'huile
en
petit
filet

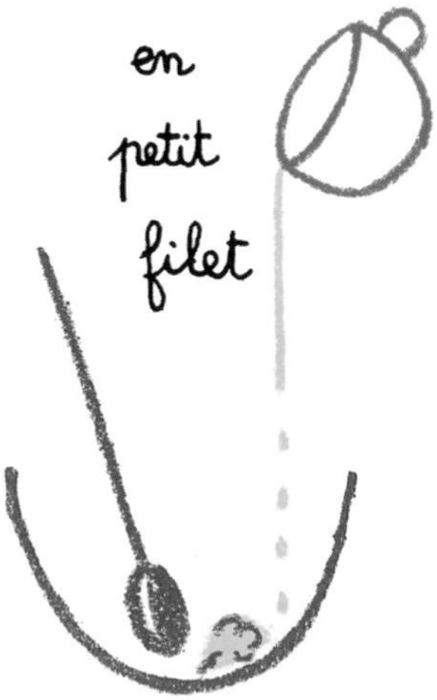

サラダオイルは
こんなふうに
ほそーく
いとみたいに
たらしていれよう

on peut
ajouter
quelques
gouttes
de vinaigre
après
l'huile

サラダオイルを
いれたあとに
おこのみで
ちょこっと
ヴィネガーを
いれても
おいしい

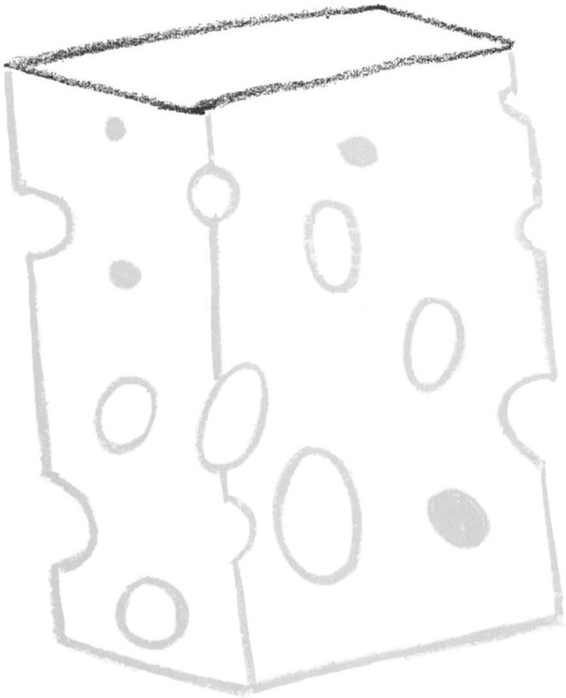

la sauce
mornay
gratine
très bien

モルネーソースは
よくグラタンにつかわれるよ

l'épaisseur de la
sauce dépend de
la quantité
de farine

ソースの濃さは
薄力粉のりょうで
きまるんだ

Sauce Béchamel

ベシャメルソース

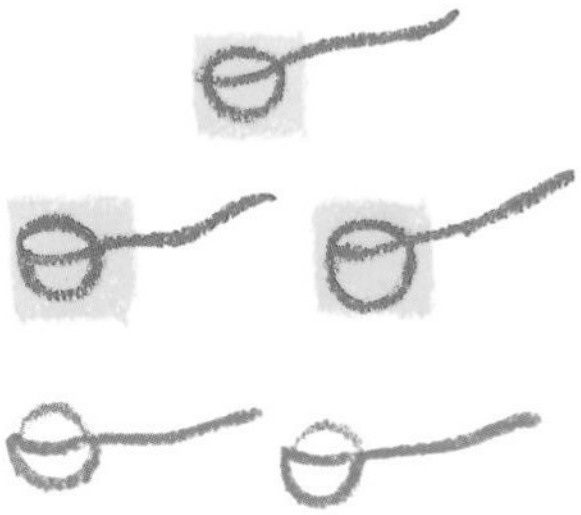

なべを弱火にかけて
バターおおさじ３をいれる。

そこに薄力粉おおさじ２をいれて
木べらでまぜながら１ぷんいためる。

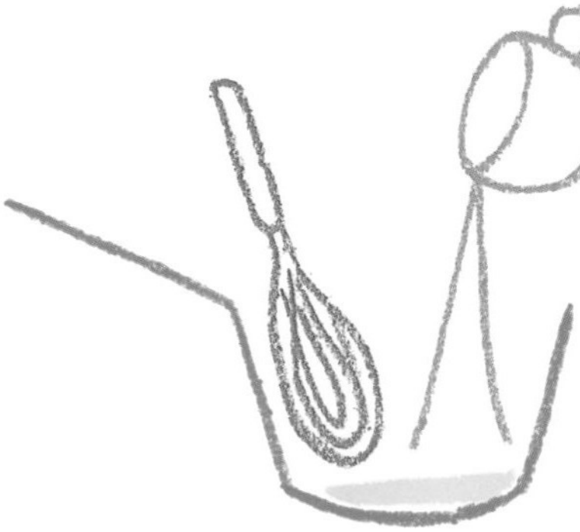

こんどは木べらをあわだて器にもちかえて
つめたい牛乳１と１／２カップ
しお４つまみをいれて
ぐるぐるまぜながら
５ふん火をとおせば
できあがり。

Sauce Mornay

モルネーソース

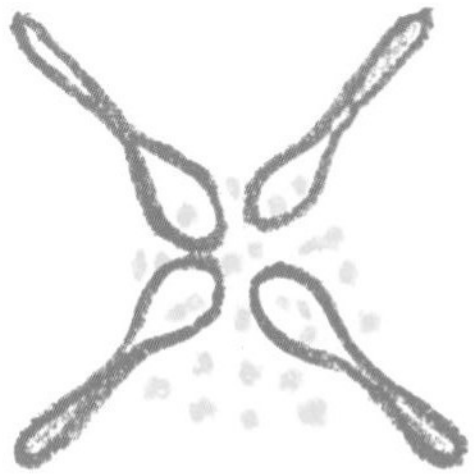

ベシャベルソースのはいったなべを
火からおろして
たまごのきみ１コ
けずったチーズおおさじ４
をいれたら
あわだて器でまぜると
モルネーソースができるよ。

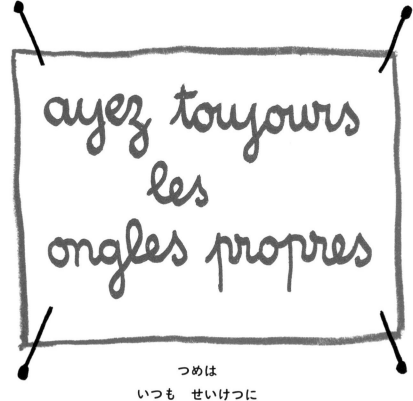

ayez toujours
les
ongles propres

つめは
いつも　せいけつに
ととのえておこう

l'eau
doit bouillir
doucement.

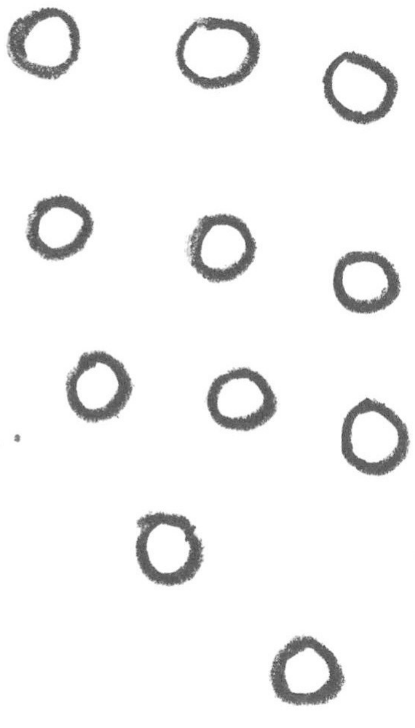

おゆは
ゆっくり　わかすこと

Chou-Fleur Hérisson (4 pers)

カリフラワーのハリネズミ（よにんぶん）

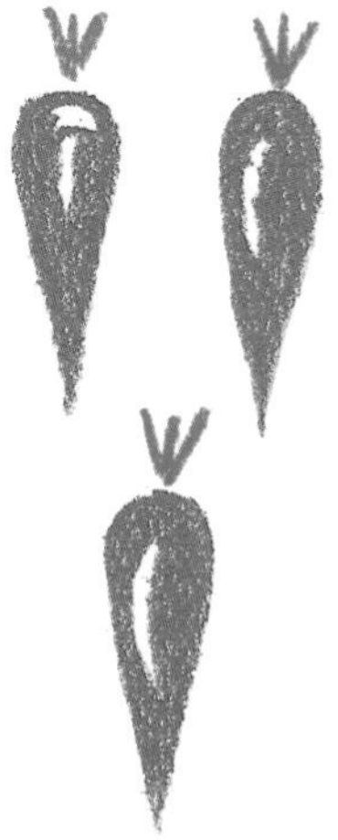

カリフラワー１コがまるごとはいる
おおきななべの３／４のたかさまで水をいれて
そこにあらじお　おおさじ２はい　いれたら
強火にかける。

にんじん３ぼんの　皮をむいて
まんなかで２つにきったら
さらに棒みたいに４つにきる。

les bâtonnets
こういう棒

カリフラワー１コまるごと
きったにんじんを　なべにいれて
１２ふんゆでて
ゆであがったら　ざるにあげておく。

テーブルにだすおさらにカリフラワーをのせて
カリフラワーのモコモコのすきまに
ゆでたにんじんスティックと
グリーンオリーブ８コ
ブラックオリーブ８コ
をいろどりよく　さしこんで
ハリネズミにしちゃおう！

servez avec
une vinaigrette.

たべるときは
おこのみの
ドレッシングをかけてね

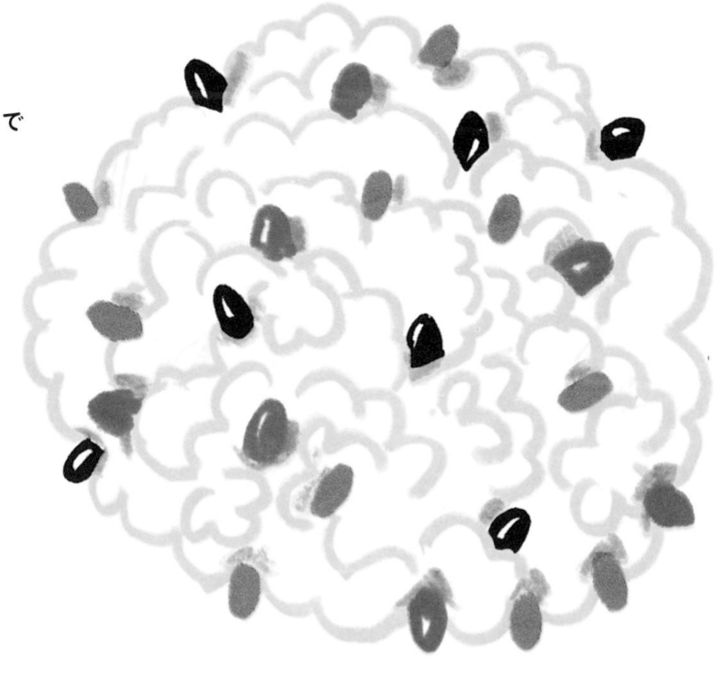

farinez tout le temps
la pâte
pour qu'elle
ne colle pas

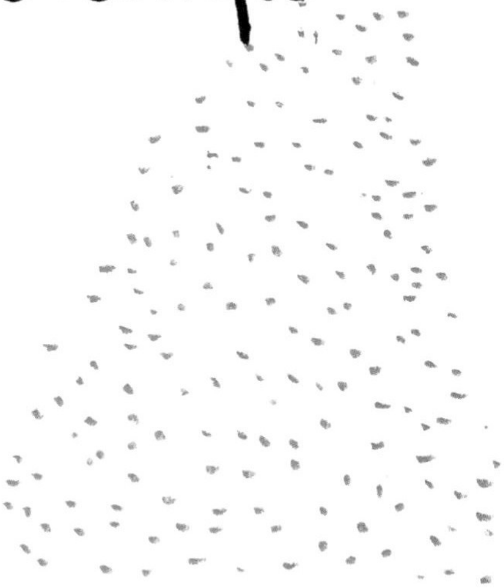

パスタがくっつかないように
いつも小麦粉（こむぎこ）をはたいておく

à défaut
de rouleau
prenez
une
bouteille
vide

もしもめんぼうが　なかったら
あきびんを　つかうといいよ

Pâtes Fraîches (2 pers)

つくりたてパスタ（ふたりぶん）

おおきなボウルに
薄力粉１と１／４カップ
たまご２コ
しお４つまみをいれて
せいけつなてで　よくこねて　パスタのきじをつくる。

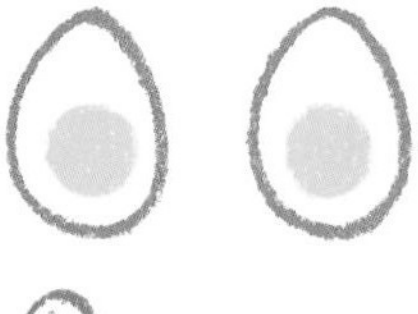

ボウルのなかで　きじを２つにきったら
テーブルに強力粉（なかったら薄力粉でもいい）
おおさじ１ぱいを　ふりまいて
きじのはんぶんをのせる。

たて３０センチ　よこ５０センチくらいのおおきさに
めんぼうできじをのばして
２つにきったら　りょうめんに
強力粉おおさじ１を　まぶしておく。

きった２つのきじを　それぞれくるくるまいて
おおきな葉巻みたいにしておく。

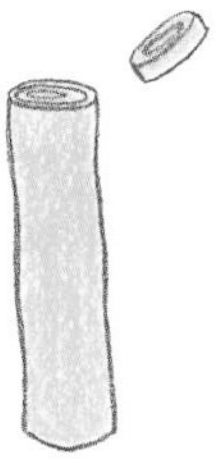

ボウルにもうひとつのこっているきじも
おなじようにつくる。

４つのおおきな葉巻ができたら
右のイラストのサイズとおなじはばできる。
きったら　ほぐして
ふきんのうえに　ひろげておく。

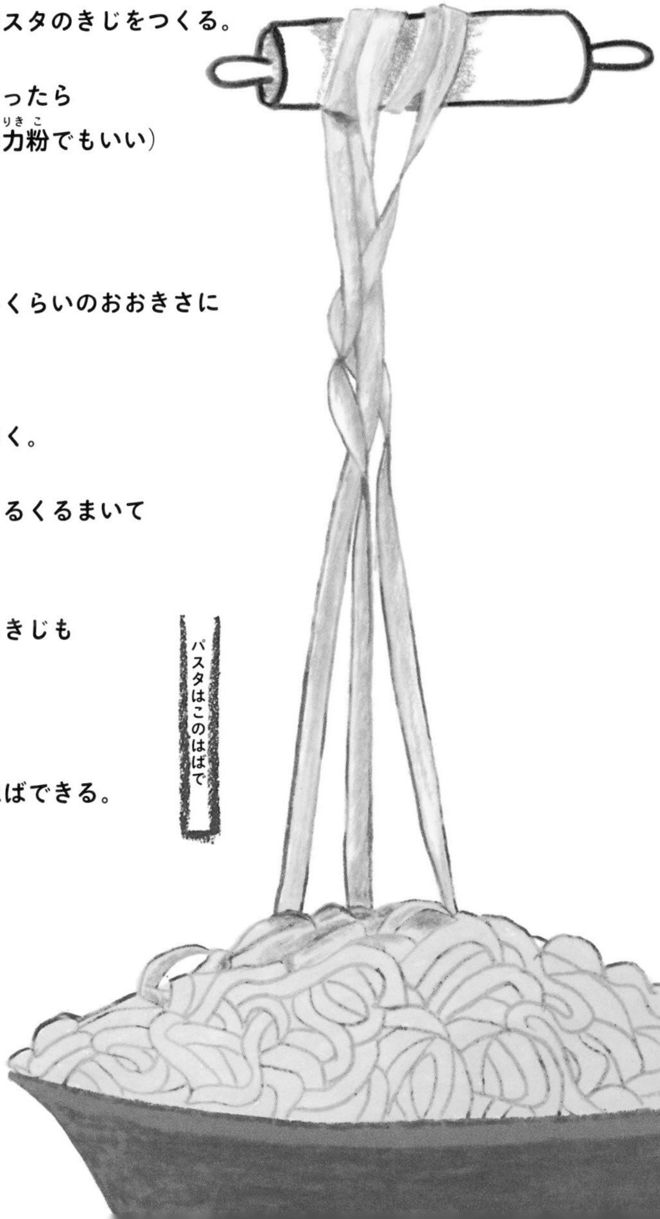

au moment de manger :
5 minutes

たべごろのゆでじかん：５ふん
ゆでるときはなべのおゆに
あらじお　おおさじ１いれて
しょっぱくするとパスタが
おいしくなるよ

lait d'abord

sur le dessus

fromage et beurre ensuite

まずは牛乳
そのうえに チーズとバター

Gratin de pommes de terre

(4 pers)

じゃがいものグラタン（よにんぶん）

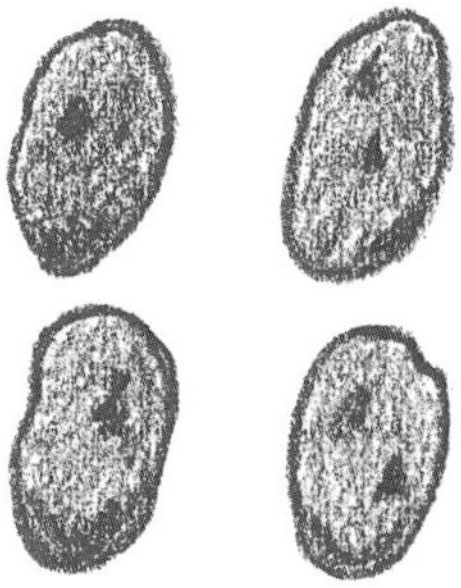

りっぱなじゃがいも４コの皮をむいて
１コにつき１５まいのうすぎりにする。

オーブンを２４０度にあたためておく。

おおきなグラタンざらのうちがわに
バターおおさじ１をぬったら
きったじゃがいも２０まいを　おさらのそこにしきつめる。
そのうえに　しお２つまみを　あめみたいにふらせたら
けずったチーズおおさじ２を
じゃがいものうえに　まんべんなくのせる。

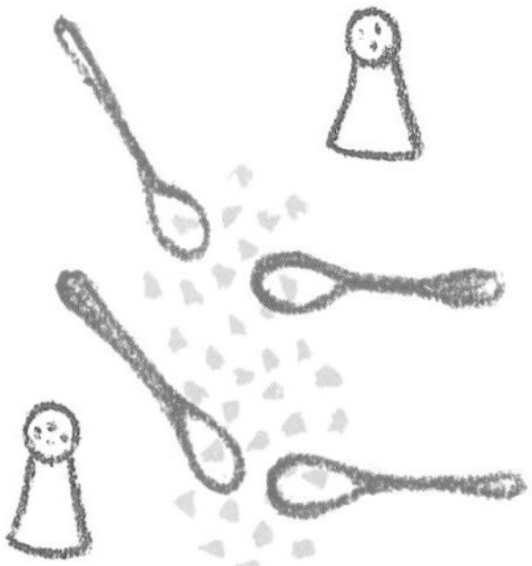

もういっぺん
じゃがいも２０まいを　しきつめて
そのうえに　しお２つまみを　あめみたいにふらせたら
けずったチーズおおさじ２を　じゃがいものうえに　まんべんなくのせる。

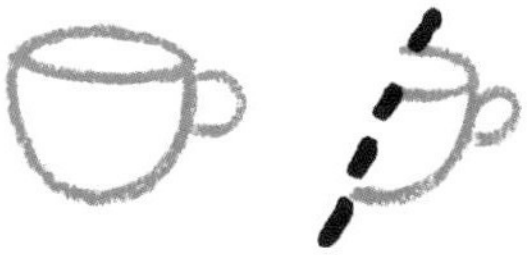

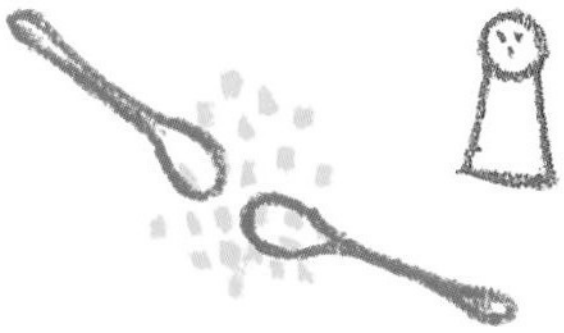

さいごにのこりのじゃがいも２０まいを　しきつめて
牛乳１と１／２カップをそそいで
しお２つまみ
けずったチーズおおさじ２
バターおおさじ１（ちっちゃくきる）を
あめみたいにふらせたら
オーブンで４５ふんやく。

quand le riz est cuit

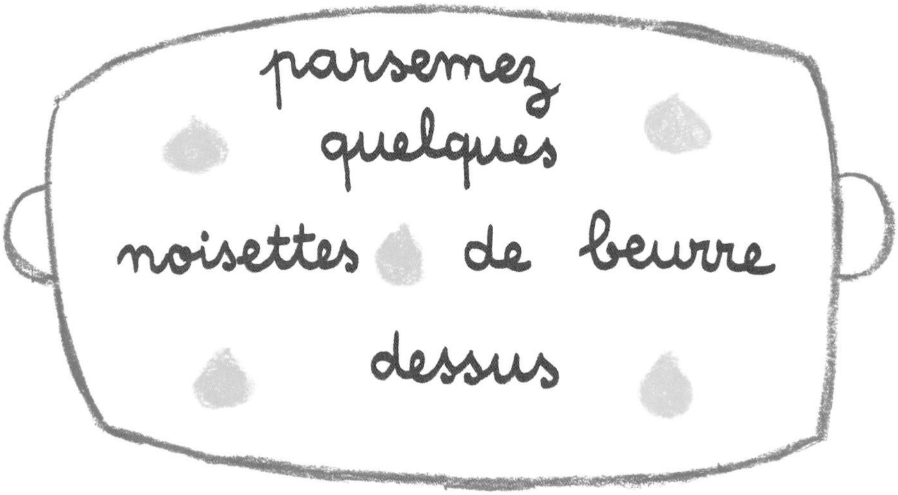
parsemez
quelques
noisettes de beurre
dessus

おこめが　たきあがったら
こがしバターをふりかけると
ふうみがますよ

attendez 5 minutes

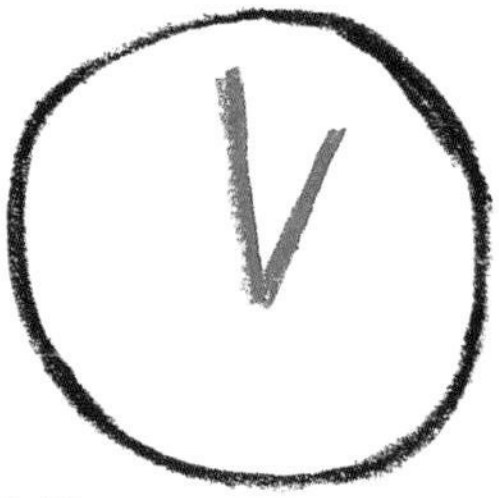

puis égrenez

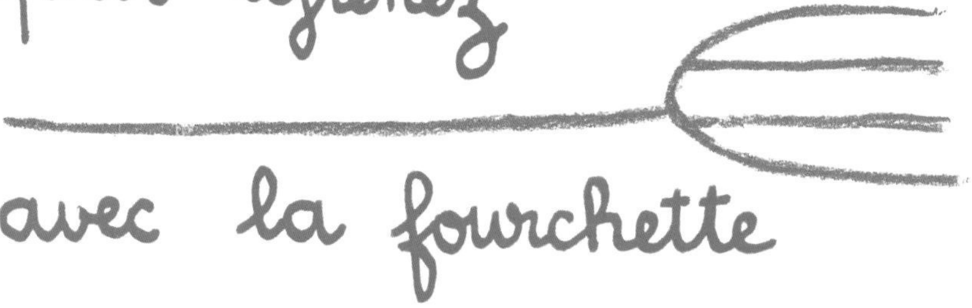

avec la fourchette

5ふんまったら
フォークでおこめを　さっくりまぜて

Riz Pilaf (2 ou 4 pers)

フランスうまれのピラフ（ふたり～よにんぶん）

おこめ１カップを　つめたい水で
あらって　ざるにあげておく。

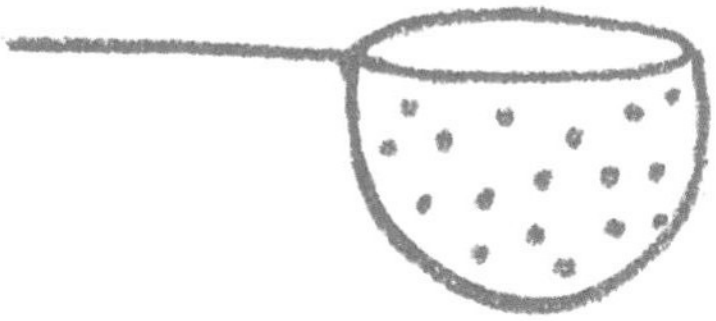

ココットなべを弱火にかけて
バターおおさじ３
おおざっぱにみじんぎりした　たまねぎ１／２コ
をいれて３ぷんかんいためる。

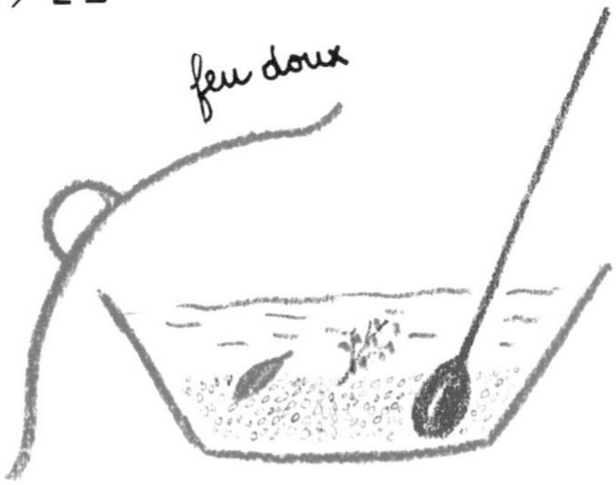

そこへあらったおこめ
タイム１ぽん
ローリエ１まいをいれたら
木べらでまぜる。

オーブンを２４０度にあたためておく。

みず２カップ
しお４つまみ
をいれてざっとまぜたら
ふたをしてオーブンで２０ぷんたく。
５ふんむらせば
フランスうまれのピラフの
かんせい。

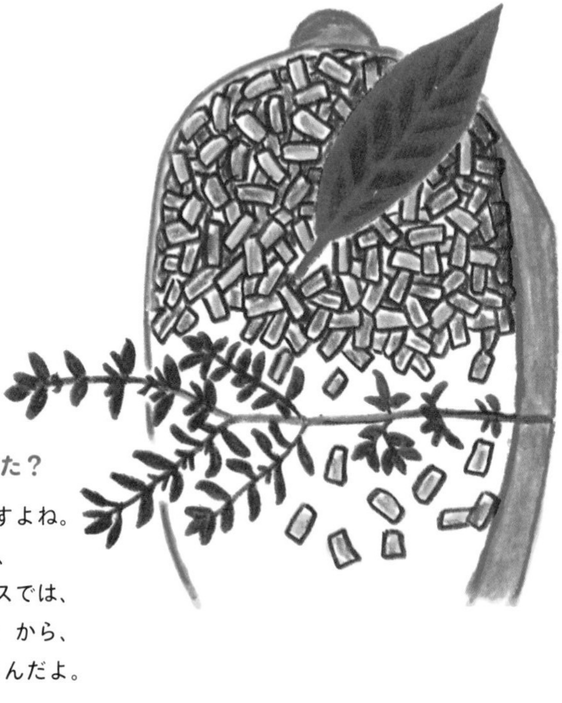

ポイント！　フランスのおこめのこと～ピラフはフランスうまれってしってた？

日本でピラフといえば、いろんな具がはいった洋風たきこみごはんのことをさすよね。じつはこのピラフ、フランスうまれのこめ料理。本場のピラフは具をいれずに、ハーブとバターでたいて、おこめのおいしさそのものをたのしむんだ。フランスでは、おこめはやさいのひとつだとおもっているひとがおおい（しかもヘルシーな！）から、“おこめのサラダ（３１ページ）”や、おこめをつかったあまいデザートもあるんだよ。

デザートのルセット

フリアン〜アーモンドのケーキ

てっぺんをこがさないクレーム・ブリュレ

とろけるバナナ

パン・ペルデュ〜フレンチトースト

ト・フェ〜すぐできちゃうケーキ

Desserts

crème à la vanille
bananes fondues
pain perdu
tôt-fait
friands

バターをぬった型(かた)に
薄力粉(はくりきこ)を
まんべんなく
まぶすには

pour fariner
répartissez
la farine dans
les moules beurrés

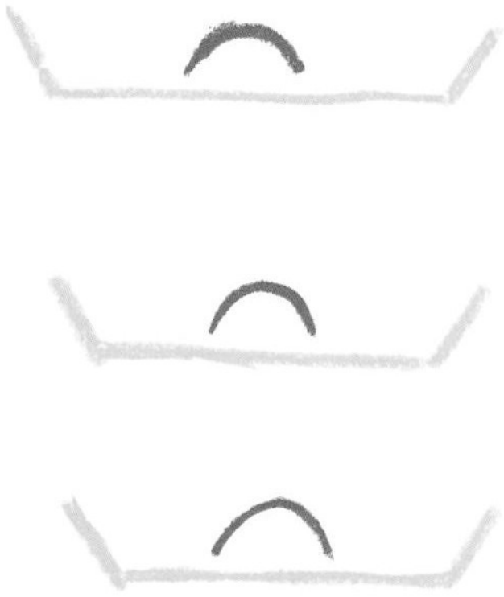

型(かた)のそこを　ゆびで
かるくたたきながら
ぜんぶの方向(ほうこう)に
くるくる
かたむけると
うまくいく

tournez
les moules
dans tous
les sens

EN TAPOTANT

薄力粉(はくりきこ)がバターに
しっかり
ひっかかる

la farine
s'accroche
au beurre

Friands (4 pers)

フリアン〜アーモンドのケーキ（よにんぶん）

オーブンを２４０度にあたためておこう。

１０コぶんの型のうちがわに
バターこさじ２をぬって
強力粉（なかったら薄力粉でもいい）おおさじ１ぱいを
まんべんなく　まぶしておく。

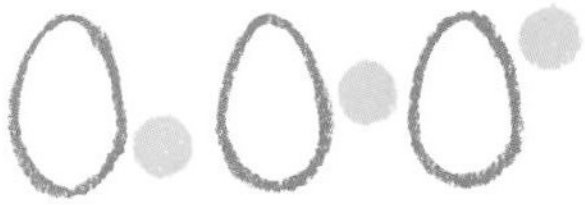

たまご３コをしろみときみにわけて
しろみはなべに
きみはちいさなボウルにいれておく。
（きみは９７ページの
“てっぺんをこがさないクレーム・ブリュレ”を
つくるときにつかうよ）

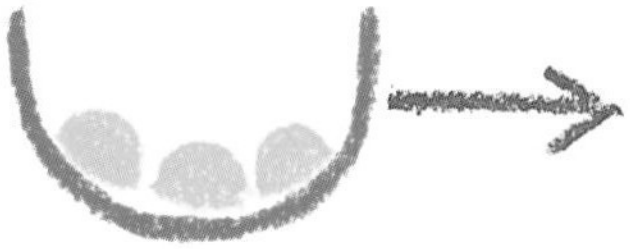

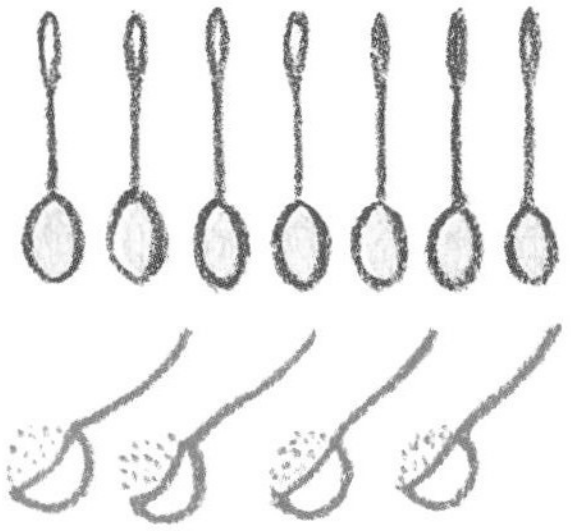

しろみがはいってるなべに
アーモンドプードルおおさじ７
こなざとうおおさじ４
バターおおさじ３
薄力粉おおさじ１
しお１つまみ
をいれる。

型は１まいの天板で
６コつくれるタイプをえらぼう

なべを弱火にかけて
木べらで　やく３ぷんかん
バターがとろけるまでまぜる。

きじができたら型のたかさ３／４までいれて
オーブンで２０ぷんやく。

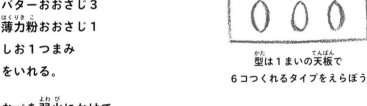

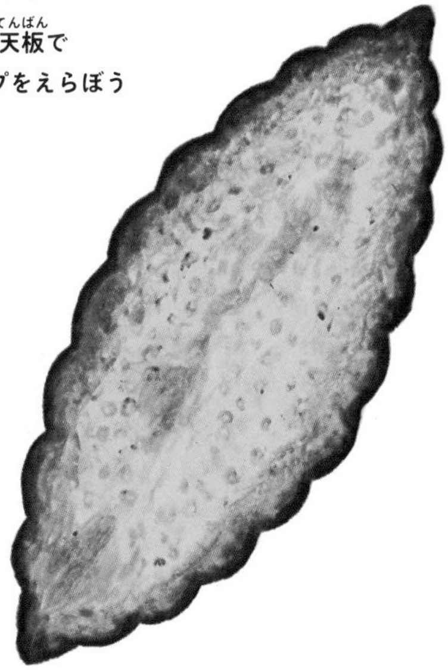

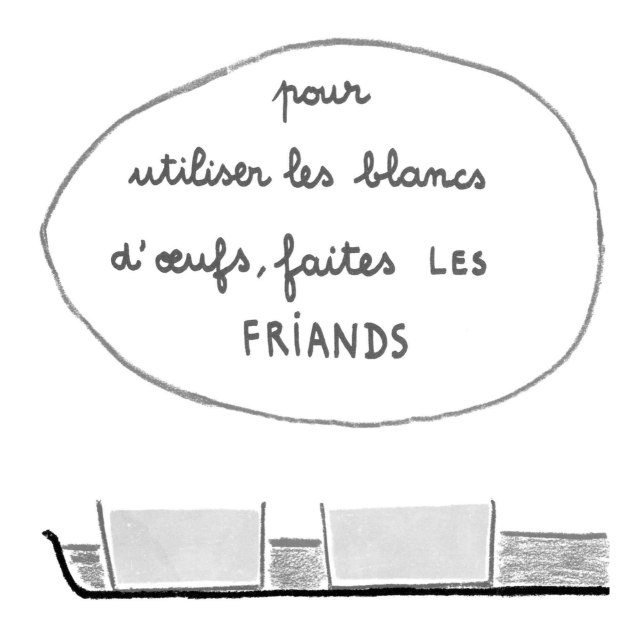

pour utiliser les blancs d'œufs, faites LES FRIANDS

たまごのしろみは
フリアンをつくるのに
つかうよ

Crème à la vanille (7 pots)

てっぺんをこがさないクレーム・ブリュレ（７コぶん）

オーブンはフリアンをつくったときのまま
２４０度にあたためられているね。

オーブンの天板の３／４のたかさまで水をいれておこう。

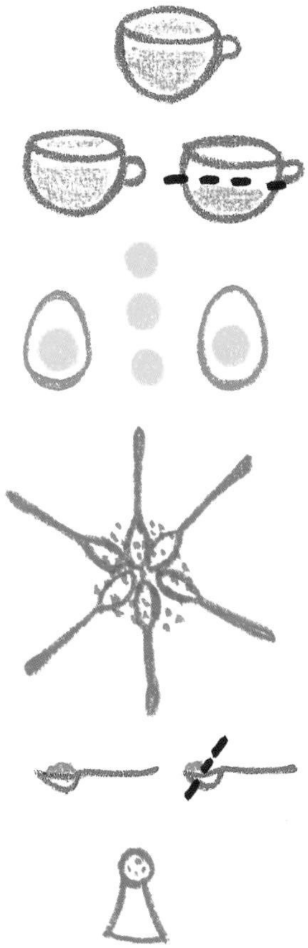

牛乳２と１／２カップを　なべにそそいで
弱火にかける。

おおきなボウルに
フリアンをつくるときにとっといた
３コぶんのきみをいれて
さらに全卵２コ
こなざとう　おおさじ６
バニラシュガーこさじ１と１／２
しお１つまみ
もいれて　あわだて器でよく
かきまぜる。

まざったら　さっき火にかけて
あたためておいた牛乳を
かきまぜながらいれる。

ちいさなココット皿７コに　きじをいれたら
水をはっておいた天板にならべて
２０ぷん　むしやきにする。

ポイント！　バニラシュガーってなあに？

フランスのお菓子づくりでよくつかう、あらかじめバニラの香りがついているさとうのことをいうんだ。なかったら、ふつうのさとうとバニラエッセンスをつかってね。

détachez
la peau
du dessus

こうやって
皮のうえの
ところだけ
はがすよ

quand la banane
est cuite
la peau
est
entièrement noire

バナナがちゃんと　やけたとき
まわりの皮は　まっくろこげになるんだ

Bananes Fondues (2 pers)

とろけるバナナ
(ふたりぶん)

オーブンを２４０度に
あたためておこう。

あったまったら
オーブンの焼き網のうえに
バナナを２ほん
ポイとおいて
２０ぷんやこう。

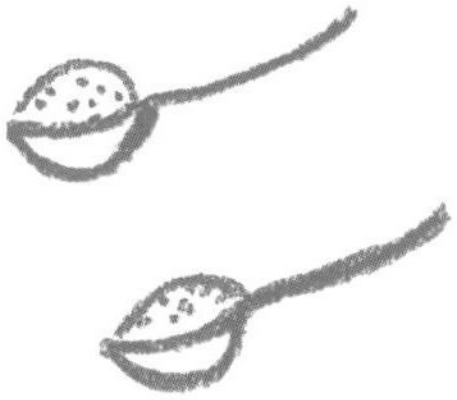

やけたらおさらのうえにのせて
バナナの皮の
うえのところだけをはがす。
(とってもあついからやけどに注意!)

バナナの実のところに
それぞれ
こなざとう　こさじ２はいずつふる。

スプーンでとろとろにまぜて
たべよう。

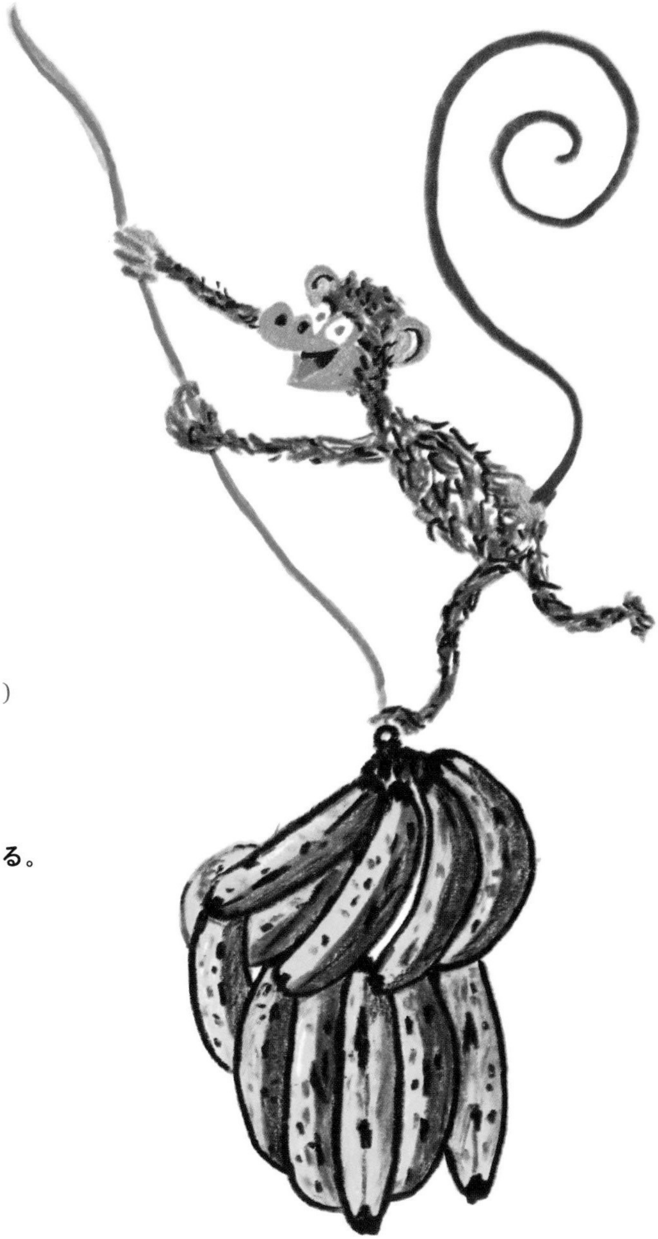

le pain
doit être
rassis

パンはすこし
かたくなった
ものをつかおう

on peut
ajouter
une pincée
de cannelle
dans
le lait

牛乳の
なかに
ひとつまみの
シナモンを
いれても
おいしいよ

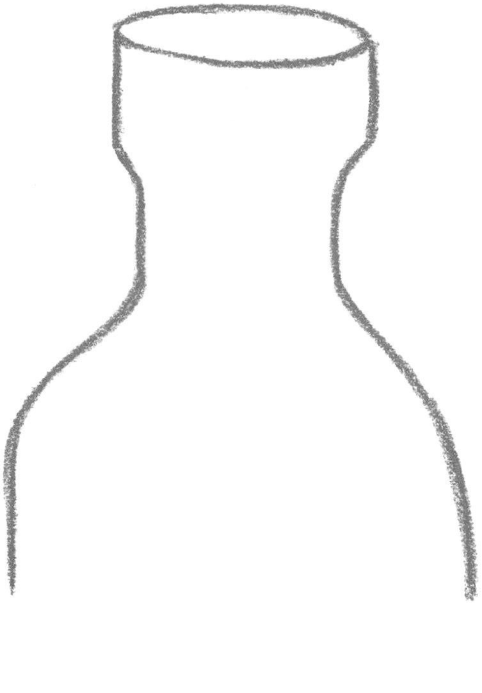

Pain Perdu (2 pers)

パン・ペルデュ〜フレンチ・トースト（ふたりぶん）

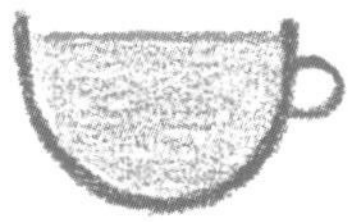

ふかめのおさらに
牛乳１カップ
バニラシュガーこさじ２
をいれてよくまぜる。

この厚さだよ
de cette épaisseur

バゲットを４きれを　この厚さにきっておく。

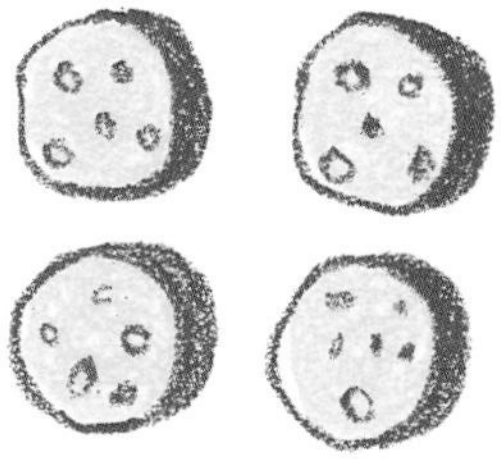

フライパンを中火にかけて
サラダオイル１／２カップをいれる。

牛乳がはいったおさらに　パンをいれて
りょうめんを　ひたしておく。

べつのボウルに　たまご１コをわりいれて
フォークであわだてる。

牛乳にひたしておいたパンを
あわだてたたまごにシュッとくぐらせたら
フライパンで　かためんを２ふんやく。

フライがえしで　そっとひっくりかえして
もうかためんを２ふんやいたら
おさらのうえにもりつけて
こなざとうを　たっぷりふりかける。

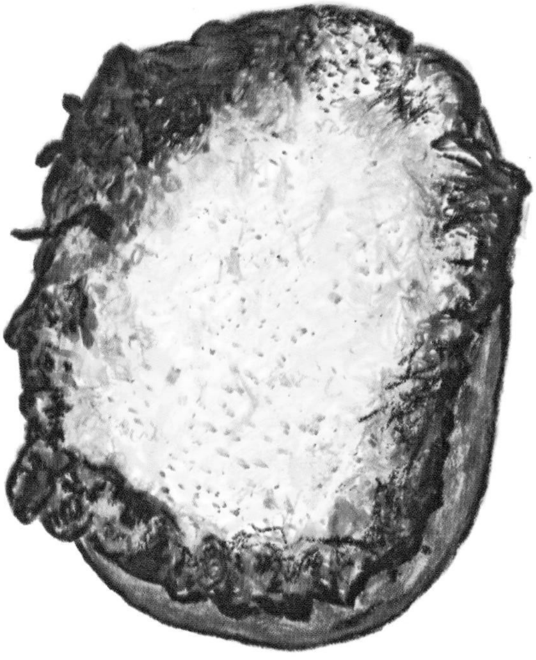

le beurre doit être fondu mais pas cuit

バターはとけてなきゃダメだけど
火をいれすぎないこと

METTEZ TOUJOURS UNE PINCÉE DE SEL DANS LES GATEAUX

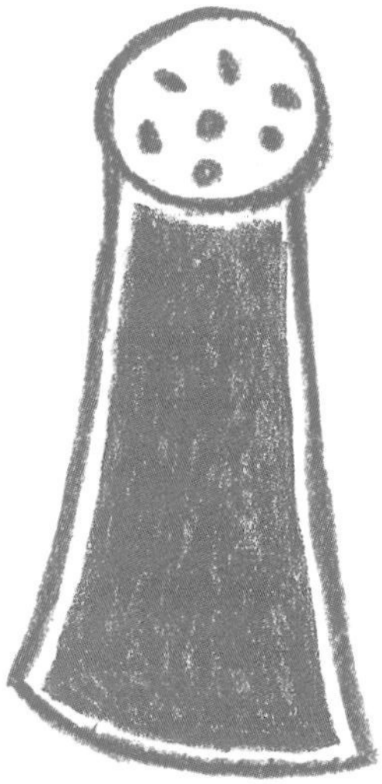

ケーキをおいしくつくるコツは
いつも１つまみのしおを　きじに　いれること

Tôt-Fait (4 gourmands)

ト・フェ〜すぐできちゃうケーキ
(くいしんぼうよにんぶん)

オーブンを１８０度にあたためておこう。

型におおさじ１のバターをぬる。

バターおおさじ５をいれたなべを
とろ火にかける。

おおきなボウルに
たまごを２コわって
牛乳１カップ
さとう１カップ
薄力粉２カップ
ベーキングパウダー１ふくろ（１０g）
しお１つまみと
とかしておいたバターをいれたら
あわだて器をすごくはやくうごかして
ぜんぶよくまぜる。

きじができたら型にながしこんで
４５ふんやく。

ne travaillez pas la pâte

きじはこねちゃダメだよ

ミシェル・オリヴェ

Michel Oliver

料理家。1932年、フランス・ボルドー生まれ。父はパリのミシュラン三つ星レストラン「ル・グラン・ヴェフール」のオーナーシェフだったレーモン・オリヴェ。自らイラストも手がけ、1963年に刊行された本書がフランスで大ベストセラーとなり、その後もカルト的人気を誇る料理本として読み継がれている。シリーズに『お菓子づくりは子どもの遊びです（La pâtisserie est un jeu d'enfants）』『ジャムづくりは子どもの遊びです（Les confitures sont un jeu d'enfants）』など。

猫沢エミ

Emi Necozawa

ミュージシャン、文筆家、映画解説者、生活料理人。2002～06年、一度目のパリ在住。2007年より10年間、フランス文化誌「Bonzour Japon」の編集長を務める。超実践型フランス語教室《にゃんフラ》主宰。著書に『ねこしき』『イオビエ』（ともにTAC出版）、『猫と生きる。』『パリ季記』（ともに扶桑社）、『猫沢家の一族』（集英社）など。2022年2月より愛猫を引き連れ、二度目のパリ在住。

Instagram：@necozawaemi

LA CUISINE EST UN JEU D'ENFANTS

Michel Oliver

First published in France by Plon, 1963.

This book is published in Japan by arrangement with Michel Oliver c/o Fabrice Piro through le Bureau des Copyrights Français, Tokyo.

料理は子どもの遊びです

２０２３年１２月２０日　初版印刷

２０２３年１２月３０日　初版発行

文と絵　ミシェル・オリヴェ

訳　者　猫沢エミ

発行者　小野寺優

発行所　株式会社河出書房新社

〒１５１－００５１

東京都渋谷区千駄ヶ谷２－３２－２

電話０３－３４０４－１２０１（営業）

０３－３４０４－８６１１（編集）

https://www.kawade.co.jp/

装　幀　大倉真一郎

装　画　ミシェル・オリヴェ

組　版　こゆるぎデザイン

印　刷　TOPPAN株式会社

製　本　加藤製本株式会社

Printed in Japan / ISBN978-4-309-29366-0

落丁本・乱丁本はお取り替えいたします。